MÉMOIRE JUSTIFICATIF POUR LOUIS XVI. CI-DEVANT ROI DES FRANÇAIS.

MÉMOIRE JUSTIFICATIF POUR LOUIS XVI, CI-DEVANT ROI DES FRANÇAIS.

En réponse à l'acte d'accusation qui lui a été lu à la Convention Nationale, le mardi 11 décembre 1792, l'an quatrième de la liberté et le premier de l'égalité.

Miseris succurrere disco.

Par A. J. D. G.

A PARIS,
Chez Fr. Dufart, Imprimeur-Libraire, rue St.-Honoré, hôtel d'Auvergne, près St. Roch.

1793.

[illegible]

[illegible]

[illegible]

[illegible]

[illegible]

[illegible]

[illegible]

[illegible]

[illegible]

[illegible]

[illegible]

[illegible]

[illegible]

[illegible]

OBSERVATIONS PRÉLIMINAIRES.

J'APPRENDS que Lacroix, professeur au Lycée, a écrit à la Convention sur le mode de jugement qu'elle doit suivre dans le procès de Louis XVI. On a passé à l'ordre du jour sur ses observations ; elles étoient cependant fondées sur les principes les plus rigoureux de la justice. Je crois devoir publier sur ce même sujet, l'article suivant que vient de me communiquer un homme aussi estimable par ses lumières que par ses vertus (1). Puissent ces réflexions produire l'heureux effet qu'on doit naturellement en attendre !

Le citoyen Robespierre, pour déterminer la Convention nationale à la mort de Louis XVI, a prétendu que, s'il sortoit absous du jugement qu'elle doit prononcer sur lui, les promoteurs de la Ré-

(1) Le C. Gerboux.

publique seroient regardés comme rebelles, c'est-à-dire, que l'Assemblée législative et la Convention nationale se trouveroient coupables d'avoir prononcé, l'une provisoirement et l'autre définitivement, la déchéance du Roi; et il paroît que cet argument a séduit beaucoup de personnes.

Mais d'abord si cette supposition étoit fondée, il résulteroit que la Convention nationale se trouvant partie contre Louis XVI, elle n'a plus le droit de se constituer juge dans un procès où elle a elle-même un aussi grand intérêt, et il est bien extraordinaire que dans la vue de la faire échapper à l'embarras de cette situation, on ait appelé la mort sur la tête de Louis XVI, sans formalités, sans instruction, sans jugement. C'est la logique des assassins; ce sont des élémens de tyrannie que les représentans de la nation se sont engagés d'éloigner à jamais de la constitution française. Vainement diroit-on qu'ils peuvent s'élever au-dessus des formes légales pour l'intérêt de la république. Créateurs des loix, ils savent qu'ils doivent être les premiers à en ordonner la marche, à s'en prescrire l'application, sur-tout lorsqu'il s'agit d'ôter la vie à un homme, que sa chûte étonnante met en spectacle à l'univers, et dont le délaissement et la détention attestent l'impuissance.

Mais si l'argument qu'on attaque ici est atroce dans ses conséquences, il est encore absurde dans son principe, et il offre une incohérence d'idées qu'il est facile de démontrer. Robespierre semble avoir envisagé la royauté comme une propriété qui ne peut être enlevée qu'en vertu des loix civiles, et d'après la disposition précise de ces loix. Mais la royauté ne présente pas ce caractère. C'est une dignité créée originairement par le peuple et investie par lui et pour lui de pouvoirs et de prérogatives; il la délègue à qui il lui plaît, comme il lui plaît, et pour le tems qu'il lui plaît. Son intérêt seul en détermine la forme, les conditions, la durée. Or, ce même intérêt peut la modifier, peut la transférer, peut la détruire, sans le consentement, sans l'intervention, ni même le jugement de celui qui en a été revêtu. Autrement ce seroit supposer que l'exercice de la royauté la convertit en une sorte de propriété civile, irrévocablement acquise par l'usufruit au titulaire, tant qu'un délit soit public, soit privé n'en exige pas l'extinction ou la translation. Et on admire comment le plus ardent promoteur de la doctrine de la souveraineté du peuple a pu produire une idée dont les conséquences sont si attentatoires à cette même souveraineté. En effet quand même un roi auroit rempli fidèlement les clauses du contrat primitif passé entre lui et son peuple, quand même son zèle pour le bonheur de tous, l'auroit porté à des efforts plus qu'humains, aux sacrifices les plus généreux, la nation a toujours le droit de reprendre l'autorité souveraine, et de se ressaisir du gouvernement. Elle seule est juge suprême des convenances, parce qu'elle agit pour elle-même ; et elle ne peut être appelée en compte pour les pouvoirs qu'elle retire, qu'elle transporte, qu'elle éteint, qu'elle constitue. C'est d'après ce principe de sa souveraineté absolue que la nation française a supprimé la noblesse, le clergé, les parlemens et tous les corps, sans avoir eu besoin de leur faire le procès. Il est donc ridicule de paroître craindre pour la nation, comme l'a fait Robespierre, l'issue du jugement que la nation doit prononcer sur Louis ; comme s'il pouvoit, en politique, s'élever de controverse entre elle et un de ses délégués. Louis peut sortir absous du jugement qu'il va subir, ans que pour cela la nation soit déclarée rebelle. Mais elle pourroit devenir coupable, si ce jugement violoit les loix faites ou consenties par elle, et c'est ce qui, dans l'hipothèse de la condamnation de Louis XVI à la mort, arriveroit nécessairement, puisque la constitution acceptée et jurée par tout l'empire, a déclaré sa personne inviolable.

Et en effet, non seulement la justice, cette justice positive qui est aussi impérieuse pour les hommes réunis que pour les hommes isolés, seroit blessée par la condamnation de Louis, mais encore les bienséances qui sont des loix pour les souverains, et qui semblent constituer la morale des gouvernemens et la religion de la politique. Quoi ! tandis que les tribunaux civils et criminels, et les corps administratifs, quand toute hiérarchie sociale et politique n'existe que par la constitution ; quand la convention nationale elle-même se trouve créée et organisée d'après les principes et les formes établies par la constitution ; quand elle tient de cette constitution le pouvoir en vertu duquel elle a traduit Louis à sa barre, Louis seul ne pourroit devant les représentans du peuple invoquer ce même code provisoire lorsqu'il régit encore tout l'empire? L'action de la loi seroit divisée pour lui? Ses Juges prendroient dans la constitution la loi qui tranche le fil de cette vie politique dont la constitution l'avoit animée; et la partie de cette même loi qui protège ses jours, ils la rejetteroient pour l'époque de sa vie naturelle à laquelle elle est appliquable, pour le tems où eux-mêmes, comme législateurs, ont juré de la maintenir et de lui être fidèles?

La convention a annoncé que jalouse de l'honneur national, elle vouloit mettre la plus grande solennité dans le jugement de Louis XVI. Cette déclaration lui trace son devoir; la solennité ne consiste point ici dans le spectacle d'un roi déchu des pompes du trône, traduit au tribunal de son peuple, et courbé sous la hache de la loi. Elle ne git pas non plus dans la communication des griefs qui sont à sa charge, ni dans le court intervalle qu'on lui accorde pour se défendre. Les formes ont de tout tems revêtu des arrêts de sang que l'injustice a prononcés. La France, l'Europe et la postérité ne la verront cette solennité que dans l'application stricte et littérale de la loi.

La constitution politique que nécessite le nouvel ordre de choses, ne présentera aucuns des articles fondamentaux de celle qu'avoient établie nos premiers législateurs. Mais telle qu'elle puisse être, la déclaration des droits de l'homme et du citoyen en sera toujours la base. Elle en formera en quelque sorte, le frontispice; car les loix positives, comme l'a très-bien observé un législateur célèbre, ne sont que les cas particuliers où s'applique cette raison universelle. Or, un des articles de cette déclaration dit que *nul ne peut être puni qu'en vertu d'une loi établie et promulguée antérieurement au délit*. Si Louis, lorsqu'il étoit autorité constituée n'avoit de force administrative qu'avec le concours de ses ministres, si sa signature isolée de la leur a été déclarée nulle et sans effet pour tous les cas ou il auroit voulu déployer le pouvoir exécutif, pourroit-on, aujourd'hui qu'il n'est plus roi, l'assujettir à une loi nouvelle, à une responsabilité personnelle que la nature de ses fonctions royales ne lui permettoit pas d'encourir. En vérité, on doute que le génie des tyrans les plus subtils, de Caligula, de Henry VIII, eut pu atteindre à une théorie aussi bisarre de cruauté. C'est donc en vain qu'on se flatteroit qu'une cumulation de peines sur les mêmes faits, qu'une peine capitale ajoutée par une loi *qui n'existe pas encore*, à une peine politique qu'a déjà infligée la loi contemporaine, fût jamais acceptée par l'Europe comme *un jugement*.

L'opinion publique, dans le lointain, ne se teint pas de nos passions. Elle refuse de nous suivre dans ces écarts où des erreurs politiques nous entraînent, et ces principes antiques qu'une doctrine nouvelle défigure, elle les rétablit sur les notions de la justice universelle.

Au reste, si la convention nationale a soumis Louis XVI à une procédure criminelle ; si elle a remis en question ce que la constitution avoit déja jugé, ce que l'amnistie générale décrétée en septembre 1791, avoit irrévocablement écarté, on doit croire qu'elle a été déterminée par des considérations qui seront avouées par la morale comme par la politique. Sans doute, en se constituant tribunal suprême, elle voudra modérer le mouvement de sa toute puissance. La manière dont elle s'inaugure dans des fonctions redoutables, nous garantit qu'elle n'entend pas enlever à un homme, naguères le représentant héréditaire d'un grand peuple, aucuns des moyens de salut qu'offrent aux autres citoyens les formes protectrices de notre jurisprudence criminelle.

La convention ne s'est point expliquée, il est vrai, sur le mode du jugement de Louis XVI ; mais il n'est pas à présumer qu'elle prononce dans la forme ordinaire de ses délibérations. Ce n'est point ici un objet d'administration qui puisse être déterminé à la pluralité des suffrages. Il s'agit de la vie d'un citoyen, et alors les dispositions du code criminel sont de rigueur pour la convention comme pour les tribunaux. Ainsi la quatrième partie des suffrages, si elle est favorable à l'accusé, formant l'arrêt dans les tribunaux ordinaires, la même proportion doit être admise dans la convention pour le jugement de Louis XVI. Louis ne peut être le seul dans l'empire qui soit exclu du bénéfice de la loi nationale ; à moins qu'on ne prétende aujourd'hui, que la rigueur doit s'étendre sur lui en raison de ce que la constitution le protegeoit d'avantage. La convention, en vertu de son pouvoir suprême, peut bien, dans des circonstances particulières modérer, mais jamais accroître la rigueur des loix. Autrement elle donneroit lieu de croire qu'elle n'a réservé Louis à une forme de jugement plus imposante, que pour le conduire avec plus de facilité à l'échaffaut.

MÉMOIRE JUSTIFICATIF POUR LOUIS XVI.

JE ne suis qu'un étranger ; mais j'aime la nation française, dont l'urbanité, les mœurs douces, l'amour des arts et des lettres m'ont appelé depuis douze ans dans son sein. Un crime atroce est sur le point d'être commis en son nom. Ne seroit-il pas possible de la ramener à son caractère primitif et de la sauver de l'opprobre éternel dont elle va se couvrir ? sans doute la masse générale du peuple ne verra qu'avec la plus profonde douleur son roi périr sur un échaffaut avec l'appareil de la justice ; un petit nombre d'individus seront les coupables ; mais la honte, mais les remords pour qui seront-ils ? pour tous les citoyens. On n'est pas innocent si l'on n'empêche point le mal quand on le peut. Voyez les anglais ; une stupide consternation s'empara d'eux aux approches de la mort de Charles I ; pas un citoyen n'osa murmurer ; pas un n'eut le courage de représenter l'atrocité du crime, de faire entendre sa voix pour l'accusé. Le glaive de Cromwel menaçoit toutes les bouches. Et cependant l'europe entière a regardé toute la nation comme complice de l'attentat du tyran ; et la nation elle-même sortie de son état de stupeur, a gémi comme l'europe d'avoir participé par un lâche silence à l'assassinat de son roi, et donne encore tous les ans des preuves publiques de ses regrets et de sa douleur.

La nation française se trouve dans des circonstances à-peu-près semblables : peut-être sont elles plus difficiles, et alors il y a plus de gloire à les surmonter. Ce n'est pas un seul tyran qui l'opprime ; elle les compte par milliers. Une association infernale dirigée par des chefs ambitieux, tient captives dans tous les cœurs toutes les douleurs et toutes les plaintes : elle répand dans toutes les villes des émissaires qui se constituent les géoliers en même tems que les interprêtes de la pensée de tous, et le vœu qu'ils émettent est sensé être le vœu général. Les délations, les emprisonnemens arbitraires, les menaces, les incursions des patriotes, la calomnie, l'insulte, la plus abjecte cruauté voilà leurs moyens. Ils règnent depuis quatre ans, et depuis quatre ans la terreur plane sur toutes les têtes. Une seule fois le docile parisien a voulu déjouer leurs complots. Vingt mille citoyens ont demandé paisiblement que les loix prissent la place de l'anarchie et ces vingt mille citoyens ont manqué être enveloppés dans un massacre général. (1) Depuis l'incarceration du roi, depuis l'instruction de son procès, les craintes ont augmenté. Aussi personne dans tout l'empire n'a osé prendre la défense de Louis XVI; seulement une voix étrangère s'est fait entendre, et ses accens hypocrites ont fait saigner mon cœur. Il est douloureux de voir sa cause plaidée par celui qui a provoqué les moyens de la perdre. Pour moi, étranger comme monsieur Necker, mais non pas comme lui, à l'abri des insultes d'une populace effrenée, j'essaierai de prouver l'innocence d'un bon prince. Je sens bien que parmi tant d'opinions extravagantes, débitées avec emphase à la tribune de la convention et dans les clubs, adoptées ensuite par le peuple avec autant d'ir-

---

(1) Dans les derniers jours de l'assemblée législative, il étoit question de se défaire à tous prix des citoyens qui, au nombre de plus de 20,000, avoient demandé contre Pétion vengeance des attentats du 20 juin. La proscription s'étendoit encore sur les 8,000 qui s'étoient opposés à la fête des galériens du régiment de Château-Vieux. L'assemblée législative ordonna que ces listes fussent brûlées; mais le conseil général de la commune les a conservées précieusement, et depuis les a fait imprimer au mépris d'un décret bien formel.

réflexion que de légèreté, je ne conserve pas un grand espoir de me faire entendre; d'ailleurs la rudesse de mon langage effraiera des oreilles accoutumées à ne prêter attention qu'à des discours parés des charmes de l'éloquence. Mais si je fais seulement revenir un esprit sur le compte de Louis XVI, je n'aurai pas perdu mon tems et mon cœur sera satisfait. Que tous les bons citoyens fassent comme moi, la patrie n'aura pas à gemir d'une horrible catastrophe dont les fastes du monde ne présentent que deux exemples, l'un dans la personne de Charles I, l'autre dans celle d'Agis, roi de Lacédémone.

Avant que d'entrer en matière, qu'il me soit permis de faire remarquer les convulsions affreuses dont paroissent agités les membres de la convention au seul mot de *roi*. Les phrases les plus extravagantes s'échappent alors de leurs bouches. *Quel rapport de justice y a t-il entre l'humanité et les rois*, dit l'un; *on ne peut régner innocemment*, dit un autre; *les formes dans le procès sont de l'hypocrisie*, dit un troisième; et voilà les maximes qu'on ne rougit pas d'énoncer! qu'elle morale, grand dieu! qu'elle barbarie! qu'elle justice dans des hommes appelés à donner une constitution! Ah! si ce sont là les découvertes de la philosophie moderne, le genre humain lui a de grandes obligations. Pour moi je félicite mes concitoyens de ne s'être pas encore élevés à la hauteur de ces idées sublimes. Ils sont ignorans, ils tiennent aux vieux principes; et je parie que s'ils avoient à faire le procès de leur roi, il ne se trouveroit point parmi eux de Robespierre qui osât dire que c'est un scandale de délibérer, et qu'on doit lui donner la mort sans l'entendre (1) : ni de Saint-Just, qui put s'étonner de ce que le glaive trembleroit dans la main des juges : la plus grande impartialité siégeroit au contraire au milieu d'eux. Ils procureroient eux-mêmes à leur prince tous les moyens de défense; ils ne le priveroient pas de la douce consolation d'embrasser ses enfans; ils ne mettroient pas de la gloire à tourmenter sa douloureuse vie en l'accablant chaque jour de nouveaux outrages, de nouvelles privations (2); ils feroient des vœux pour le trouver innocent, plutôt que pour le trouver coupable; et s'ils le condamnoient, ce seroit pour les crimes de son administration, et non pas pour avoir été roi (3).

(1) Discours de Robespierre, le 3 décembre.

(2) Voyez les arrêtés tous plus cruels les uns que les autres, qu'a pris le conseil de la commune, sous prétexte qu'il est responsable de la personne du roi.

(3) Le procès doit être fait à un roi, non point pour les crimes de son administration, mais pour celui d'avoir été roi. *Opinion* de *Saint-Just*, député du département de l'Aisne, 13 novembre.

On ne peut point régner innocemment (4). Quelle manière de raisonner! Et elle fait tant de progrès, que Manuel, quelque jours après, a renouvellé le même adage. *Il fut roi, il fut donc coupable*, dit-il dans son opinion sur ce sujet. Tant il est vrai que le despotisme des erreurs est terrible, lorsqu'elles obtiennent la faveur et l'appui de la multitude! Ils furent donc criminels aussi les Charlemagne, les Louis IX, les Louis XII, les Henri IV. Ah! grands réformateurs, tarissez, si vous le pouvez, les larmes que le souvenir touchant de leurs vertus fait encore répandre, et nous vous croirons ensuite.

ACTE D'ACCUSATION.

§. PREMIER.

Louis, le peuple français vous accuse d'avoir commis une multitude de crimes pour établir votre tyrannie, en détruisant sa liberté. Vous avez, le 20 juin 1789, attenté à la souveraineté du peuple, en suspendant les assemblées de ses représentans, et en les repoussant par la violence, du lieu de leurs séances. La preuve en est dans le procès-verbal, dressé au jeu de paume de Versailles, par les membres de l'assemblée constituante.

Le 23 juin vous avez voulu dicter des loix à la na-

[4] *Idem.*

tion, vous avez entouré de troupes ses représentans, vous leur avez présenté deux déclarations royales éversives de toute liberté, et vous leur avez ordonné de se séparer. Vos déclarations et les procès-verbaux de l'assemblée constatent ces attentats.

Réponse de Louis XVI.

Il n'existoit pas de loix qui me l'empêchoient.

OBSERVATIONS.

1°. Cette réponse est extrêmement juste. On auroit beau feuilleter les anciennes chroniques pour trouver des loix qui condamnent la conduite de Louis XVI. Il n'en existe absolument aucune. Il étoit donc le maître d'ordonner aux états de se séparer pour le moment; et comme alors personne ne lui contestoit un pouvoir bien plus étendu que celui du roi d'Angleterre, il auroit pu les dissoudre sans abuser de son autorité, de même que le roi d'Angleterre dissout le parlement quand il veut.

2°. Il est d'une injustice criante, et cette remarque est applicable à la plupart des griefs dont on charge le roi, de rapeler les fautes qu'on prétend qu'il a commises avant l'acceptation de la constitution. Il y a eu une amnistie générale prononcée dans le mois de septembre 1791, par l'assemblée constituante; et plusieurs des députés les plus acharnés contre Louis XVI, ne devroient pas oublier que s'ils siègent dans la convention, c'est en vertu de cette amnistie qui a délivré les uns de plusieurs décrets de prise de corps, et ouvert à d'autres les prisons où leur patriotisme *brûlant* les avoit fait enfermer.

3°. Remontons à l'époque de l'ouverture des états généraux, et le public jugera de quel côté sont les torts.

Tous les députés des provinces étoient venus à Versailles avec des mandats impératifs. Là étoit consignée la volonté réelle du peuple, et il falloit s'y borner. Les élections avoient été parfaitement libres; donc plus de réclamation, donc toute violation du vœu exprimé dans les cahiers étoit un crime. Or, qui étoit chargé de faire marcher les états généraux dans la ligne que le peuple leur avoit prescrite? Le roi, le roi seul, son éternel représentant; et il étoit de son devoir d'empêcher les envoyés du peuple de violer leurs sermens, et de violer ses droits. Or, ils avoient déja renoncé à leur existence légitime pour se constituer de leur propre autorité sous un titre nouveau. Loin de s'occuper de la réforme des abus, il n'y avoit eu encore que des débats honteux parmi eux, et les affaires du royaume demeuroient suspendues ; et la nation découragée perdoit l'espoir du bien dont la convocation des états lui avoit donné l'assurance. Qu'elle conduite tint Louis XVI ? Il vint à l'assemblée, et le discours qu'il y prononça et les volontés qu'il y fit entendre, ne sont pas celles d'un tyran. Lisez français, les lignes suivantes, et votre haine et vos préventions cesseront.

« Je croyois avoir fait tout ce qui est en mon pouvoir pour le bien de mes peuples, lorsque j'avois pris la résolution de vous assembler, lorsque j'avois surmonté toutes les difficultés dont votre convocation étoit entourée, lorsque j'étois allé, pour ainsi dire, au-delà des vœux de la nation, en manifestant d'avance ce que je voulois faire pour son bonheur. »

« Les états généraux sont ouverts depuis près de deux mois, et ils n'ont point encore pu s'entendre sur les préliminaires de leurs opérations... Je dois au bien commun de mon royaume, je me dois à moi-même de faire cesser ces funestes divisions. C'est dans cette résolution, MM, que je vous rassemble de nouveau autour de moi ; c'est comme le père commun de tous mes sujets, et comme le défenseur des loix de mon royaume que je viens vous en retracer le véritable esprit, et réprimer les atteintes qui ont pu y être portées. »

Ensuite le garde des sceaux lut une déclaration du roi relative aux états généraux. Elle ne renferme certainement aucuns principes attentatoires aux droits de la nation ; et s'il en étoit quelqu'un, ce seroit peut-être le suivant, dont une expérience journalière démontre cependant la sagesse. « Le bon ordre, la décence et la liberté même des suffrages exigent que sa majesté défende, comme elle le fait expressément, qu'aucune personne, autre que les membres des trois ordres, puisse assister à leurs délibérations, soit qu'ils les prennent en commun, ou séparément. » Je ne ferai pas d'observation sur cet article ; je m'en réfère à ce qui se passe même à présent à la convention. D'ailleurs le tableau que je ferois seroit peu flatteur ; et dans ce tems de liberté, comme dans tous les tems, il est dangereux de dire des vérités, ou de déplaire aux *souverains*.

« J'ai voulu aussi, ajouta Louis XVI, vous faire remettre sous les yeux les différens bienfaits que j'accorde à mes peuples. Ce n'est pas pour circonscrire votre zèle, dans le cercle que je vais tracer ; car j'adopterai avec plaisir toute autre vue de bien public qui sera proposée par les états généraux. Je puis dire, sans me faire illusion, que jamais roi n'en a autant fait pour aucune nation : mais quelle autre peut l'avoir mieux mérité par ses sentimens que la nation française ? » Dans cette manière de s'exprimer il n'y a encore rien qui annonce le langage d'un despote. Parcourons brièvement la déclaration du roi.

Elle roule sur tous les objets des cahiers que tous les députés avoient prêté serment de suivre. impôts, emprunts, état actuel des finances, consolidation de la dette publique, abolition des privilèges pécuniaires du clergé et de la noblesse, abolition de la taille et du franc-fief, respect pour les propriétés de tout genre, lettres de cachet, liberté de la presse, états provinciaux, douanes reculées aux frontières, liberté personnelle, liberté du commerce, égalité de contribution etc. Louis XVI embrassoit tout ce qu'avoient embrassé les vœux de son peuple. Il termina la séance par ces paroles si touchantes et trop tôt oubliées.

« Si vous m'abandonnez, dans une si belle entreprise, je ferai seul le bien de mes peuples; seul, je me considérerai comme leur véritable représentant, et connoissant vos cahiers, connoissant l'accord parfait qui existe entre le vœu le plus général de la nation et mes intentions bienfaisantes, j'aurai toute la confiance que doit inspirer une si rare harmonie. C'est moi, jusqu'à présent, qui ai fait tout pour le bonheur de mes peuples, et il est rare peut-être, que l'unique ambition d'un souverain soit d'obtenir de ses sujets qu'ils s'entendent, enfin, pour accepter ses bienfaits. »

Jusques-là il n'y a encore aucun attentat contre la nation, et le rédacteur de l'acte d'accusation devroit énoncer, non d'une manière vague et générale, mais d'une manière expresse, les articles contraires aux mandats des députés. Il ne suffit pas de dire : les preuves en sont dans le procès-verbal de l'assemblée. Je ne vois dans le procès-verbal de l'assemblée que des preuves de la révolte d'une partie de ses membres contre la souveraineté de la nation. Le peuple avoit dit : je veux le maintien du gouvernement monarchique, et que le prince soit partie intégrante de la législation. Je veux la conservation des ordres, parce que leur suppression est contraire à la constitution d'une monarchie tempérée, parce qu'elle l'est aussi à l'essence de la représentation nationale. Je veux enfin qu'on respecte les propriétés des provinces et celles des citoyens de toutes les classes. Qu'on juge à présent la conduite des députés.

On a repoussé par la violence les représentans du peuple du lieu de leurs séances. Le fait est faux, j'en appelle à votre procès-verbal que vous citez avec tant de plaisir. Vous y verrez que le citoyen Bailly reçut avant la séance une lettre du grand maître des cérémonies, qui l'avertissoit au nom du roi que les travaux qu'on faisoit dans la salle, empêcheroient de s'y rassembler. Vous y verrez encore que le même avertissement se trouvoit sur la porte de la salle et au coin de toutes les rues. Ce ne sont donc pas des sentinelles armés qui ont repoussé les députés; à la lecture du billet, ils ont dû se retirer; s'ils ont persisté à vouloir entrer, on a dû les repousser.

Que doit-on conclure après cela du premier chef d'accusation porté contre Louis XVI? C'est que loin d'avoir voulu détruire la liberté de son pays, il en avoit le premier jeté les fondemens en se dépouillant volontairement de prérogatives que personne ne lui disputoit; c'est que loin d'avoir porté atteinte à la souveraineté du peuple, il l'a reconnue dans toute sa plénitude, en acceptant et prenant les moyens propres à faire exécuter le régime nouveau, qu'avoit bien formellement demandé le peuple dans toutes les assemblées des balliages.

§ II.

Vous avez fait marcher une armée contre les citoyens de Paris. Vos satellites ont fait couler le sang de plusieurs d'entre eux, et vous n'avez éloigné cette armée que lorsque la prise de la bastille et l'insurrection générale vous ont appris que le peuple étoit victorieux. Les discours que vous avez tenus les 9, 12 et 14 juillet aux diverses députations de l'assemblée constituante, font connoître quelles étoient vos intentions, et les massacres des tuileries déposent contre vous.

Réponse de Louis XVI.

J'étois le maître de faire marcher des troupes dans ce temps-là; mais je n'ai jamais eu l'intention de répandre du sang.

OBSERVATIONS.

Louis XVI n'a jamais fait marcher de troupes contre les citoyens de Paris. C'étoit contre les agitateurs et les scélérats qui dominoient dans cette ville, et qui en ont fait fuir et les étrangers et le commerce, qu'il avoit cru devoir prendre ces mesures de sûreté générale. Qu'on se rappelle les événemens qui se passerent alors, et il est justifié aux yeux de tout homme impartial.

Des soldats, gardes françaises, corrompus par l'argent et par la débauche furent mis pour cause d'indiscipline dans les prisons de l'abbaye Saint-Germain. Une foule de peuple payé pour les faire sortir, rompit les portes et les porta en triomphe au palais royal. L'insubordination de ces soldats fut célébrée à l'envi dans les papiers publics, dans ceux sur-tout qui avoient des députés pour auteurs, comme une action héroïque, et proposée pour modèle à tous les soldats de l'armée.

Le premier juillet dix-neuf personnes du palais royal viennent à l'assemblée nationale demander de rendre la liberté à ces prétendus héros. L'assemblée répondit qu'elle ne pouvoit s'arroger le pouvoir exécutif, et qu'elle ne cesseroit de donner l'exemple du plus profond respect pour l'autorité royale, de laquelle, ajouta-t-elle, dépend la sûreté de l'empire. Une députation porta cette déclaration au roi, et invoqua sa clémence en faveur des coupables.

Le roi, qu'on ne cesse de peindre sous les couleurs les plus affreuses, répondit avec bonté, que la violence employée pour délivrer des prisonniers de l'abbaye, étoit infiniment condamnable; que tous les ordres, tous les corps, tous les citoyens honnêtes et paisibles avoient le plus grand intérêt à maintenir dans toute sa force l'action des loix protectrices de l'ordre public, que cependant il céderoit dans cette occasion aux sentimens de bonté lorsque l'ordre seroit rétabli. Telle fut la réponse de Louis XVI, à coup sûr le citoyen *rapporteur* ne la consignera point dans les pièces justificatives des crimes imputés au roi. Nous verrons un peu plus loin que celles des 9, 12 et 14 juillet, aux différentes députations de l'assemblée, renferment les mêmes témoignages de justice, d'humanité, d'amour de la paix, et qu'au lieu de déposer contre Louis XVI, comme l'insinue méchamment le second article de l'acte d'accusation, elles combattent en sa faveur.

Le désordre, au lieu de discontinuer, fut porté à son comble, et c'est sans doute de cette circonstance dont parle le rapporteur, lorsqu'il dit que le sang a coulé. Je n'ai pas vu ces faits; mais qu'il me soit permis d'emprunter la plume d'un témoin oculaire, qui a étudié scrupuleusement les moyens qui ont opéré la révolution de France.

Les agitateurs avoient dirigé principalement leurs manœuvres sur l'immense fauxbourg Saint-Antoine, qui contient une multitude prodigieuse d'ouvriers. Un des citoyens, les plus humains, les plus généreux, fut choisi pour première victime; la calomnie arma contre Réveillon ses propres ouvriers : bientôt ils ravagèrent les ateliers

liers qui les faisoient vivre, et demandèrent la tête d'un maître qui, l'hiver précédent les avoit nourris gratuitement près de trois mois, lorsque la rigueur excessive du froid interrompoit tous les travaux. La révolte devint générale dans le fauxbourg : les troupes furent commandées, le peuple fit résistance : diverses décharges de fusils renversèrent un grand nombre sur la place. A la vue des canons, le reste prit la fuite en s'écriant : *Nous avons été trompés.* C'est qu'en effet on leur avoit dit qu'ils pouvoient tout oser, que les soldats ne tireroient pas contre eux.

A la retraite inopinée de Necker, l'occasion parut favorable pour opérer un soulèvement ; elle fut saisie. L'alarme fut aussitôt répandue dans Paris ; tout étoit perdu ; l'ami du peuple étoit chassé ; les aristocrates alloient dominer. On fut généralement persuadé que les troupes alloient faire le siège de la ville, la bombarder à boulets rouges, passer tous les habitans au fil de l'épée. Nuit et jour, des fanatiques parcouroient les rues, annonçant tantôt le prince de Condé à la barrière du Trône, tantôt le comte d'Artois à la barrière d'Enfer avec trente mille hommes. D'autres publioient qu'on avoit vu les dragons s'enfoncer sous les carrières de

Paris, et qu'ils apparoîtroient tout-à-coup dans les rues ; d'autres assuroient que les caves de l'observatoire et les carrières étoient chargées de poudre, et que les fauxbourgs Saint-Jacques et Saint-Germain sauteroient d'un instant à l'autre. Les foibles habitans de Paris croyoient à toutes ces impostures, comme, au tems de Cromwel, le peuple de Londres se laissa persuader que les royalistes avoient miné la Tamise pour faire sauter la rivière, et noyer tous les puritains à la fois.

Le dimanche au soir, dans le Palais Royal, Camille Desmoulins prêchoit la révolte un pistolet à la main. Les brigands accourent de toute part, se répandent dans les divers quartiers, parcourent la capitale, font fermer les spectacles, hurlent pendant la nuit, et reparoissent plus nombreux au jour, armés de piques, de sabres, de couteaux, de fusils, de pistolets. Les citoyens tremblent pour leurs foyers, se réunissent précipitamment dans leurs districts, au bruit des tambours, au son des tocsins de toutes les églises ; ils traitent tumultuairement de leur salut : des émissaires de sang froid se présentent au milieu d'eux, élèvent encore l'épouvante et dirigent à leur gré la multitude.

Le mardi une foule immense se porte à l'hôtel des invalides, enfonce les arsenaux et revient armée de fusils. Le camp ne reçut aucun ordre pour s'opposer à cette incursion, et les invalides ne firent pas la moindre résistance. On court ensuite à la bastille, dont les portes sont surprises ou livrées; on entraîne le gouverneur avec quelques malheureux sentinelles; on les immole sur la place de grêve, et avec eux Fleisselles. Je ne parlerai point des cruautés effroyables commises ensuite sur Foulon et Berthier; je ne représenterai pas la tête sanglante du beau-père, offerte avec violence aux embrassemens de son gendre et ensuite placée sous ses pieds. Je ne représenterai pas les assassins appellant leurs victimes avec des hurlemens de bêtes féroces, se jettant sur l'infortuné Berthier, arrachant son cœur et le déposant tout palpitant sur la table de l'hôtel de ville, à la vue des représentans de la commune. La plume se refuse à tracer ces scènes de cannibales.

Les mêmes hommes qui portoient sur des piques la tête des Launay, des Fleisselles, des Foulon, des Bertier, et traînoient en triomphe les tronçons de leurs cadavres, avoient promené la veille les bustes des citoyens *Necker* et *Égalité*. Tout ce que la reconnoissance et l'enthousiasme purent imaginer fut prodigué à ce dernier; tout ce que l'enfer peut forger de calomnies, fut répandu parmi le peuple contre le roi et contre la reine. Tous les yeux et tous les sentimens étoient fixés sur d'Orléans; toutes les bouches le combloient de bénédictions; ses largesses, son amour pour le peuple, la pureté de son patriotisme, étoient célébrés dans tous les quartiers; il n'avoit qu'à se montrer, et certainement il étoit proclamé souverain dans la capitale. (1)

Tel est le tableau fidèle d'une partie des horreurs qui se commettoient dans Paris. Et l'on veut faire un crime à Louis XVI d'avoir appelé des troupes pour les prévenir! Et l'assemblée nationale lui envoyoit députation sur députation pour l'engager à renvoyer ces troupes afin de laisser un libre cours aux brigandages et aux assassinats! — Mais le bien public n'en étoit que le prétexte, il vouloit s'en servir pour opprimer le peuple---. Où voyez-vous cette intention machiavéliste? Répondez, calomniateurs infâmes. Est-ce dans ses réponses aux députations de l'assemblée? A l'une il promet que les troupes ne porteront jamais atteinte à la liberté des états généraux; que leur rassemblement n'a

(1) Lettre d'un français à un anglais. Londres T. Hookham.

d'autre but que de rétablir le calme, et que leur séjour ne durera que le tems nécessaire pour garantir la sûreté publique, objet de sa prévoyance. Il dit à l'autre qu'il vouloit seulement en imposer à la licence du peuple qui s'étoit porté à des excès scandaleux, et que la force armée se retireroit aussitôt que les magistrats chargés de la police ne jugeroient plus sa présence nécessaire. A une troisième, à celle qui présenta l'adresse éloquente, mais bien insidieuse, de Mirabeau, il répondit en ces termes :

« Personne n'ignore les désordres et les scènes scandaleuses qui se sont passées et renouvellées à Paris et à Versailles sous mes yeux et sous ceux des états-généraux. Il est nécessaire que je fasse usage des moyens qui sont en ma puissance pour remettre et maintenir l'ordre dans la capitale et les environs. C'est un de mes devoirs principaux de veiller à la sûreté publique. Ce sont ces motifs qui m'ont engagé à faire un rassemblement de troupes autour de Paris. Vous pouvez assurer les états-généraux qu'elles ne sont destinées qu'à réprimer, ou plutôt à prévenir de nouveaux désordres, à maintenir le bon ordre et l'exécution des loix, à assurer et protéger même la liberté qui doit régner dans vos délibérations

Si pourtant la présence nécessaire des troupes dans les environs de Paris causoit encore de l'ombrage, je me porterois, sur la demande de l'assemblée, à tranférer les états-généraux à Noyon ou à Soissons, et alors je me rendrois à Compiègne pour maintenir la communication qui doit avoir lieu entre l'assemblée et moi. (1)

Après la lecture la plus réfléchie de ces réponses, qu'elle induction peut-on en tirer contre Louis XVI? Aucune, absolument aucune. Elles déposeront au contraire, comme nous l'avons déja dit, en faveur de ses sentimens pour le peuple français.

Il n'a éloigné cette armée que lorsque la prise de la bastille et l'insurrection générale lui ont appris que le peuple étoit victorieux. — Et sur qui, je le demande, le peuple a-t-il remporté une victoire? Quel est l'ennemi qui menaçoit la France? Etoient-ce les troupes réunies autour de la capitale? le peuple ne les a point attaquées, et elles ont demeuré dans l'inaction à la vue même de ses crimes, malgré le dessein qu'on leur supposoit de tout exterminer. Etoit-ce la bastille? — Précisément. Voilà le triomphe du peuple. — Ah! n'en déplaise à ces illustres

(1) Voyez les procès-verbaux de l'assemblée.

vainqueurs que nous avons vu depuis reparoître si souvent sur la scène, pour demander une récompense de leur bravoure, le triomphe étoit bien facile. D'ailleurs Louis XVI avoit le premier détruit la bastille par l'abolition des lettres de cachet et des ordres arbitraires, formellement exprimée dans sa déclaration du 23 juin. Mais au reste je ne vois pas encore pourquoi on fait un crime à Louis XVI de n'avoir éloigné les troupes qu'après l'attentat horrible commis sur le gouverneur Launay. On ne prétendra pas sans doute qu'il devoit obéir à la demande de l'assemblée. Elle n'étoit point juge compétente de la force publique qu'exigeoit le maintien de l'ordre, et les provinces n'avoient pas envoyé leurs députés pour s'ingérer dans les fonctions du pouvoir exécutif. Ce soin tout entier regardoit Louis XVI. On ne prétendra pas non plus que le peuple souverain avoit parlé. On ne connoissoit pas alors la sainte insurrection; et quand même le principe auroit été avoué, il étoit permis, lorsque les provinces ne s'étoient point exprimées, de ne pas regarder le vœu du peuple parisien comme le vœu du peuple de toutes les villes de l'Empire: il étoit permis au contraire de croire la volonté de tous les autres citoyens, diamétralement opposée à celle de la capitale, puisqu'on avoit dans le cahier de chaque balliage, l'expression formelle de cette volonté. — La seconde accusation tombe donc d'elle-même. Passons à la suivante.

§. III.

Après ces événemens et malgré les promesses que vous aviez faites le 15 dans l'assemblée constituante, et le 17 dans l'hôtel de ville de Paris, vous avez persisté dans votre projet contre la liberté nationale; vous avez longtems éludé de faire exécuter les décrets du 11 août, concernant l'abolition de la servitude personnelle, du régime féodal et de la dîme. Vous avez longtemps refusé de reconnoître la déclaration des droits de l'homme; vous avez augmenté du double le nombre de vos gardes du corps et appelé le régiment de Flandres à Versailles; vous avez permis que dans des orgies faites sous vos yeux, la cocarde nationale fût foulée aux pieds, la cocarde blanche arborée et la nation blasphêmée. Enfin, vous avez nécessité une nouvelle insurrection, occasionné la mort de plusieurs citoyens, et ce n'est qu'après la défaite de vos gardes que vous avez changé de langage, et renouvellé des promesses perfides. Les preuves de ces faits sont dans vos observations du 18 septembre sur les décrets du 11 août, dans les procès-verbaux de l'assemblée constituante, dans les évènemens de Versailles des 5 et 6 octobre et dans le discours que vous avez tenu le même jour à une députation de l'assemblée constituante, lorsque vous lui dites que vous vouliez vous éclairer de ses conseils, et ne jamais vous séparer d'elle.

Réponse de Louis XVI.

J'ai fait les observations que j'ai cru justes sur les deux premiers objets. Quant à la cocarde cela est faux, cela ne s'est pas passé devant moi.

OBSERVATIONS.

Avant que de suivre pas à pas les différens articles dont est composé ce troisième paragraphe de l'acte d'accusation, je ferai une remarque que j'aurois dû placer en tête de ce mémoire. C'est que la postérité ne concevra pas, qu'après la réformation du code criminel, la convention ait pu, dans le procès de Louis XVI, renouveller les abus affreux des anciennes cours judiciaires. La loi ne voyoit jamais qu'un coupable dans un accusé; et cet usage barbare, contraire aux droits de la nature, contraire au bien de l'humanité, contraire à toute justice, les représentans de la nation qui devroient être l'image vivante de la sagesse, le suivent encore. Ils ne craignent pas de mettre dans leurs discours une parfaite assurance, au lieu d'une louable hésitation. On diroit qu'il n'est pas permis de balancer, et que leur délibération ne doit intervenir que comme une vaine formalité; c'est-à-dire qu'ils sont bien résolus, quelles que soient les réponses de Louis

XVI, quelle que soit son innocence, de l'immoler à leurs haînes et à leurs passions. Ah! Législateurs, ne rougissez-vous pas de sacrifier ainsi les premiers principes de la morale? Ne tremblez-vous pas en armant votre bras du fer des assassins? Croyez-vous que ces sentimens qui donnent tant d'amis à la vertu persécutée, et qui font du malheur un objet de culte, sont éteints pour toujours dans l'ame sensible des Français? Songez-y plus d'une fois avant que de prononcer l'arrêt fatal, qui peut-être sera le vôtre. Il règne parmi vous deux partis bien distincts. On cherche à procurer le triomphe de celui dans lequel on s'est rangé. On veut en conséquence capter la faveur du peuple, et la mort du roi paroît être le but auquel tendent ces deux partis pour se rendre dignes de cette faveur précieuse. Mais, c'est l'écueil le plus dangereux que vous ayez jusqu'à présent rencontré dans votre route; et prenez garde que là n'aillent se briser tous les complots, toutes les tyrannies subalternes, et que le voile, qui depuis quatre ans cache des ressorts inconnus, ne venant à tomber, ne découvre des projets que vous voudriez, mais envain, ensevelir dans un oubli éternel.

Ainsi donc la convention, sans l'avoir entendu, ne cesse d'affirmer que Louis XVI est coupable; et comme elle avoit besoin d'une formule pour servir de ralliement à ses différens reproches, elle a employé les mots sonores d'attentat à la liberté publique. Ces mots ont fait fortune, comme ceux d'aristocratie, d'égalité, de souveraineté nationale, et à l'aide de ces nouveaux talismans elle peut à coup sûr désigner ses victimes; bien certaine, que de celles qui en seront frappées, aucune n'échappera. Louis XVI a médité l'oppression de la France? lui qui a prévenu les vœux du peuple et reconnu ses droits! lui qui a abjuré le pouvoir absolu que lui avoient transmis ses prédécesseurs! lui qui a posé les premiers fondemens d'une constitution libre. Ah! vous mentez à vous-mêmes, accusateurs téméraires, vous ne le croyez pas. Pour juger un homme on ne s'attache pas à des conjectures odieuses et dénuées de preuves; mais on examine ses actions, on les pèse dans la balance de la justice, on mûrit le jugement et l'on prononce sans aigreur. — Passons à l'examen particulier des griefs.

On reproche à Louis XVI d'avoir long-tems éludé, de faire exécuter les décrets du 11 août concernant l'abolition de la servitude personnelle, du régime féodal et de la dîme. Remarquez en passant que l'assemblée nationale, en rappellant ces décrets, en change la date, et cherche à faire oublier l'heure où ils furent prononcés. Cette observation est vétilleuse, me dira-t-on; pas tout à fait. On prononça cette longue série de suppressions dans la nuit du 4 août; et comme ce moment annonce d'ordinaire celui des rêveries, celui où les facultés de l'entendement sont en repos, et que d'ailleurs tout ce qui s'y fit annonce le déréglement de toutes les têtes, le citoyen Lindet a craint que le souvenir de ces circonstances n'atténuât un peu la gravité de la faute. Un gentilhomme presque sans propriétés, mais riche des faveurs de la cour, abandonna les droits féodaux; un duc, qui avoit besoin de devenir populaire, offrit de modifier la dîme ecclésiastique; un prélat vota pour l'abolition du droit de chasse; les députés des communes, sans égard pour leurs sermens, déposèrent sur le bureau la renonciation aux franchises, aux privilèges dont leurs balliages les avoient chargés de demander la conservation; enfin il y eut dix-neuf articles de décrétés, et l'on put se procurer la gloire facile de paroître généreux aux dépens de ses commettans.

Tous ces décrets furent présentés ensemble

à la sanction. Plusieurs renfermoient des suppressions utiles, nécessaires même à la liberté publique; mais beaucoup violoient la propriété de toutes les classes de citoyens, et les mandats des députés portoient expressément, que les états généraux se devoient à eux-mêmes, devoient à la nation, et à l'Europe entière, de donner l'exemple du respect le plus inviolable pour tous les droits appuyés sur l'autorité des loix, et sur la foi des traités. D'après cela Louis XVI crut, et il y étoit autorisé, devoir faire quelques remarques à l'assemblée; il les lui envoya le 18 septembre, en l'assurant qu'il modifieroit ses opinions, qu'il y renonceroit même sans peine, si les observations de l'assemblée l'y engageoient, parce que, disoit-il, *je ne m'éloignerai jamais qu'à regret de sa manière de voir et de penser.*

Il éluda long-tems de faire exécuter l'abolition des droits de servitude. — Eh ! M. Lindet, soyez de meilleure foi, je vous prie. Pouvez-vous faire ce reproche à Louis XVI, lui qui dès 1779, long-tems avant que vous eussiez pu soupçonner que vous deviendrez un SOUVERAIN, avoit supprimé la main-morte dans tous ses domaines, en reconnoissant qu'elle imprimoit une flétrissure contraire à la dignité de l'homme. L'édit mémorable, qu'il publia pour annoncer à son peuple ce bienfait inespéré, sera mis à côté de l'acte d'accusation, et la France aura la douleur de voir que la plus atroce calomnie, comme la plus noire ingratitude ont eu l'accès le plus facile dans le cœur de ses représentans.

Vous avez long-tems refusé de reconnoître la déclaration des droits de l'homme. Il faut avant tout donner la réponse sage qu'y fit le roi ». Je » ne m'explique point, écrivit-il à l'assemblée, » sur votre déclaration des droits de l'homme » et du citoyen. Elle contient de très-bonnes » maximes propres à guider vos travaux; mais » des principes susceptibles d'applications et » d'interprétations différentes ne peuvent être » justement appréciés, et n'ont besoin de l'être » qu'au moment où leur véritable sens est fixé » par les loix auxquelles ils doivent servir de » première base. »

Ce n'est pas là certainement refuser de reconnoître les droits de l'homme. C'étoit dire à l'assemblée, prenez garde que les droits dont vous parlez ne soient en contradiction avec les loix que vous voulez établir : prenez-garde qu'avec vos principes vous ne détruisiez d'une main ce que l'autre fondera : songez que de ce préambule de la constitution doivent découler toutes les réformes, toutes les institutions nouvelles, et qu'elles doivent en être des conséquences nécessaires.

Louis XVI craignoit, et l'événement n'a que trop justifié ses craintes, que cette déclaration des droits de l'homme, isolée du tableau de ses devoirs, n'égarât l'esprit du peuple. En effet que devint la patrie à cette époque ? Elle se trouva tout de suite remplie de décombres. Plus d'anciennes maximes qu'on ne dédaignât, plus d'engagemens qu'on ne brisât, plus de propriétés qu'on laissât intactes, plus de devoirs qu'on ne foulât aux pieds : on vit couler le sang de mille citoyens paisibles ; la tribune de l'assemblée nationale retentissoit tous les jours des détails de ces désastres ; et l'assemblée nationale que faisoit-elle ? Elle prenoit l'attitude basse et humiliante d'un complice : elle excusoit ces violences, ces crimes ; et elle paroissoit les révoquer en doute ; elle passoit à l'ordre du jour.

Et cette déclaration des droits de l'homme frappoit-elle d'une lumière assez vive, pour pouvoir au premier abord, lui refuser son assentiment ? Sans entrer dans l'examen des différentes assertions qu'elle contient, examen qui a été fait par plusieurs bons esprits, le premier article qui déclare, que les hommes naissent et demeurent libres et égaux en droits, ne porte-t-il pas avec lui le caractère de la plus insigne fausseté?

Les hommes ne naissent point libres, puisque la foiblesse de l'enfance, les besoins de l'âge viril et les infirmités de la vieillesse les tiennent dans une continuelle dépendance. Ils ne demeurent pas libres, même lorsque leurs facultés morales et physiques pourroient les dispenser de recourir à leurs semblables, puisque leur volonté est continuellement l'esclave des usages et des règles établies par l'ordre social.

Les hommes ne naissent point égaux en droits, puisque la nature a inégalement réparti en eux et la force, et les talens, et l'esprit. Ils demeurent encore moins égaux en droits, puisque les loix de propriété se rencontrent à chaque pas dans leur carrière.

Mais les hommes ont un droit égal à la justice, et ce droit leur appartient, soit dans les fonctions publiques, soit dans la vie privée. Ils ont droit de faire pour leur propre avantage tout ce qu'il leur plaît, pourvu que les loix de la morale et les loix de la société n'en reçoivent aucune atteinte.

Voilà les véritables droits de l'homme ; et certes, si l'assemblée nationale n'eût voulu attirer le peuple dans son parti, en caressant sa vanité, en flattant ses passions, en le portant à la licence, elle n'auroit pas proclamé un axiome susceptible de mille interprétations diverses, et qui laisse un subterfuge immense aux transgresseurs de toutes les loix. Louis XVI a donc eu des motifs raisonnables pour différer d'admettre la déclaration des droits au rang des loix constitutionnelles.

Ici finit l'imputation gratuite faite à Louis XVI d'avoir voulu s'opposer à l'exécution des loix de la première assemblée nationale. Et certes, ce n'est pas sans dessein que l'évêque Lindet a terminé par là sa dégoûtante diatribe. La calomnie est fertile en ruses : elle réserve toujours pour la fin de l'attaque ses traits les plus envenimés. Ainsi Lindet, n'ignorant pas que dans la constitution défunte, la déclaration des droits de l'homme est le seul chapitre avoué du peuple, finit par représenter le roi opposé à ces principes chéris, bien sûr qu'alors les coups qu'il a déja portés produiront plus facilement leur effet.

Aux raisons que je viens de développer, j'en ajouterai encore une qui est sans réplique. C'est que le roi jouisssoit, lors de la convocation des états-généraux, du droit de faire les loix. C'est que ce droit ne lui a été ravi que par un décret du premier octobre 1790. Ainsi tout ce qui est antérieur à cette époque, le roi a pu le faire ; nous avons déjà prouvé qu'il l'avoit dû ; donc, dans l'acte d'accusation, il n'y a pas jusqu'à présent un seul grief dont Louis XVI ne soit lavé.

Mais, dira-t-on, les états-généraux une fois rassemblés, c'est à eux qu'appartenoit le droit de législation. -- De concert avec le monarque, oui ; sans le monarque, non. Je ne m'amuserai pas à démontrer que depuis le commencement de la monarchie aucune loi n'a été faite par les états-généraux sans avoir été concertée avec le souverain. L'histoire de France est entre les mains de tout le monde, et chacun peut s'en convaincre. Mais je rappellerai que tous les cahiers du tiers-état, de la noblesse et du clergé, ont rendu, en 1789, hommage à ce principe. « Le pouvoir législatif, disent-ils tous unanimement, appartient à la nation, et doit être exercé par ses représentans, conjointement avec le roi (1). -- A l'avenir aucune loi ne sera éta-

(1) Cahiers du tiers état de Rouen, article 10.

blie qu'au sein des états-généraux, par le concours de l'autorité du roi et du consentement de la nation (1). -- Il n'y aura de loi en France que celle qui aura été proposée par les états-généraux et sanctionnée par le roi (2) etc. etc.»

Les cahiers de la noblesse et du clergé s'énoncent plus précisément encore ». Le roi, disent-ils, doit être reconnu comme partie essentielle de la puissance législative, en sorte qu'aucune loi ne peut exister sans qu'elle ait été consentie, tant par lui que par la nation. (Cahiers d'Evreux) Le respect dû à la majesté royale paroît exiger que les loix prennent naissance dans les états-généraux, pour être agréées ou refusées par le roi, sans qu'il soit nécessaire en aucun cas, que sa majesté explique les motifs de son refus. (Cahiers de la banlieue de Paris) -- Le consentement du roi est nécessaire pour donner la sanction et le complément aux décrets nationaux. (Cahiers de la ville de Paris) -- Aucune loi nationale ne sera établie et proclamée sans l'autorité du roi et le consentement libre des états-généraux. (Cahiers d'Auxerre) etc. etc.»

Or, quelle conduite a tenu Louis XVI? L'as-

(1) Cahiers du tiers-état de Metz, pag. 5.

(2) Cahiers du tiers-état de Lyon, pag. 7.

semblée nationale avoit fait plusieurs projets de loix : il n'étoit point intervenu dans leur confection, il le falloit nécessairement pour qu'elles devinssent loix de l'état. Il remplit alors à l'égard des députés les mêmes devoirs que remplissoient jadis envers lui les parlemens, les cours souveraines, les assemblées provinciales; il fait de simples remontrances; il dit même qu'il modifiera ses opinions, qu'il y renoncera sans peine, si le bonheur de son peuple l'exige. L'assemblée nationale insiste, et le roi accorde sa sanction.

Où est la faute, où est le crime dans cette démarche loyale? Il tombe donc de lui-même cet échaffaudage d'impostures; et l'indignation naturelle que l'on conçoit pour celui qui en fut l'architecte, ne peut être désarmée que par le mépris dont on ne peut se défendre, ou pour sa méchanceté mise au jour, ou pour son extrême stupidité; car il faut être ou horriblement scélérat, ou imbécile au plus haut degré pour paroître croire aux projets contre-révolutionaires, dont on accuse Louis XVI.

Vous avez augmenté du double le nombre de vos gardes du corps et appelé le régiment de Flandres.

Certainement on ne m'accusera pas d'affoiblir

en les tronquant, les chefs d'accusation; tout le monde les a lus, tout le monde les connoît, et il est facile de juger, d'après mon exactitude scrupuleuse à les transcrire, que l'amour seul de la vérité est mon guide. C'est perdre, a dit un homme de beaucoup d'esprit, les honneurs d'une grande et belle cause que d'employer pour la faire prévaloir les moyens honteux qui souillèrent ses ennemis. Je m'attacherai donc toujours dans cette discussion a décrire les évènemens tels qu'ils se sont passés. Je ne les puiserai pas dans les ouvrages des partisans de l'ancien régime: la passion les a dictés : elle se montre également dans ceux des amis de la révolution; mais en parlant d'après leur témoignagne, mes réponses n'en acquerront que plus de croyance.

Ces recherches réveillent dans moi des souvenirs bien douloureux; eh ! pourrois-je sans avoir le cœur rempli d'une tristesse profonde, sans éprouver les sentimens les plus amers, passer en revue tous les crimes qui ont souillé la France depuis quatre ans ? Hélas! je l'avouerai, plus d'une fois la plume m'est tombée des mains, plus d'une fois les forces m'ont manqué dans ce travail pénible; mais une idée consolante est toujours venue les ranimer, c'est la certitude de l'innocence de Louis XVI, c'est l'espérance de lá démontrer aux esprits qui cherchent la lumière, et à ceux que la prévention n'aveugle pas. Je sais tous les dangers que je cours, et certes il y en a de grands à embrasser un parti qui a trouvé si peu de défenseurs; je sais que les limiers de la commune, lancés par des tigres, qui ne s'abreuvent que de sang, chercheront à étouffer ma voix; mais quelles peines, quels sacrifices peuvent balancer dans une ame sensible, le plaisir, la jouissance de défendre un malheureux, et sur-tout un malheureux calomnié, un malheureux en qui on trouve l'assemblage de toutes les vertus!

Louis XVI a doublé le nombre de ses gardes du corps; mais ce n'est que dans le mois d'août 1791, que l'assemblée constituante fixa sa garde à 1200 hommes à pied, et 600 à cheval, indépendamment de la garde d'honneur qui devoit lui être fournie par les citoyens. S'il appella le régiment de Flandres, il ne fit que se prêter aux desirs de la municipalité de Versailles, comme les régistres de ses délibérations le constatent. Au reste, il en avoit le pouvoir, puisqu'il étoit le dépositaire de la force armée. Je l'ai déja remarqué plusieurs fois; mais il faut bien répéter les principes à ceux qui paroissent n'en avoir aucune connoissance. Avec la manière de raisonner qu'on emploie, il n'est pas de prince si bon qu'il fût, dont on ne pût faire le procès. Créer des loix, et juger d'après elles les actions antérieures à ces loix, est en vérité une chose bien étrange, et dont on n'a jamais eu d'exemple. — Mais ce n'est pas d'après la constitution que nous jugeons Louis XVI. — Si la constitution ne sert point de bases à vos reproches, pourquoi donc mettre au nombre des fautes du roi le rassemblement de quelques soldats? On se rappelle sans doute cette brillante maison militaire qui existoit encore en 1784. Ne surpassoit-elle pas en nombre tout ce qu'il y avoit de troupes à Versailles à l'époque dont vous parlez, et qui osa s'en plaindre?

D'ailleurs vous ne nierez pas que jamais la sûreté du roi, et la tranquillité du peuple n'exigea plus de moyens de répression. Les évènemens qui se passèrent en sont une preuve suffisante. « La nuit du samedi premier août au dimanche 2, il y eut à S. Denis une émeute considérable, sous prétexte de la cherté du pain: une troupe d'ouvriers de tout genre se porta chez le sieur Châtel, maire de la ville, et le força de mettre le pain de quatre livres à huit sols; quoique cela ne dépendît pas de lui, il y consentit, signa l'ordonnance qu'on lui présentoit, et prit sur lui cette diminution trop hâtive. Comme on étoit probablement excité par quelqu'ennemi secret de cet infortuné magistrat, on s'empara de lui malgré ce qu'il venoit de faire, et on voulut d'abord le pendre ; il étoit alors deux heures et demie du matin. Il s'opposa vigoureusement à la violence de la populace ; un ouvrier se saisit de son couteau et lui coupa la tête en partie, tandis que d'autres lui donnoient des coups de bayonnettes. Cette malheureuse victime crioit encore, ayant l'os de la nuque abattu, et disoit en rugissant : *achevez-moi de grace ! vous me faites trop souffrir !* L'ouvrier jetta son mauvais couteau, et emprunta celui de son camarade avec lequel il acheva d'abattre la tête du sieur Châtel, qu'on lui arracha plutôt qu'on ne la lui coupa. Cet ouvrier disoit, d'un grand sang-froid : prête-moi ton *couteau, car le mien ne vaut rien* ; et celui qu'on lui prêta étoit un petit couteau de deux sols à manche de bois. Pendant ce tems-là d'autres assassins de la même troupe lui dardoient dans l'estomach et dans le ventre plusieurs coups de couteaux ; un entr'autres, prenant plaisir à lui retourner à loisir son couteau dans les côtes, lui disoit en riant : *sens-tu une petite fraicheur ? Cela entre-t-il bien ?* Et le malheureux expira dans des tortures inconcevables. On traîna son cadavre dans les rues de S. Denis, avec la tête qu'on avoit liée aux pieds. Cette barbarie, dont les cannibales n'ont pas donné l'exemple, fait voir au gouvernement quelles précautions il doit prendre pour arrêter le cours de ces horribles assassinats, et la promptitude qu'il doit y mettre. Le sieur Châtel n'étoit point coupable; toute sa ville l'a reconnu innocent; il avoit prodigué l'hiver dernier d'abondans secours aux malheureux; il venoit de diminuer le pain à ses propres frais; et le supplice le plus barbare, fut la récompense de ses bienfaits.... L'épouse du sieur Châtel est devenue folle, et le sera toute sa vie. Les assassins ont été demander grace aux états généraux. (1)

Je pourrois noircir bien des feuilles, en faisant le détail de toutes les saintes insurrections, qui affligeoient les environs de la capitale; mais mon cœur éprouve des angoisses trop cruelles à ces récits désastreux, et il est bon de ménager la sensibilité de mes lecteurs. Voyons si l'état intérieur de Paris, loin de tranquiliser Louis XVI, ne devoit pas lui causer les plus

(1) Histoire de France pendant trois mois, par le cousin Jacques, pag. 141.

grandes allarmes, et l'avertir d'appeler au tour de sa personne, des forces assez imposantes pour ne laisser aucun espoir aux factieux.

» On publie par-tout, que la vie des patriotes est menacée, que M. de Mirabeau a payé de son sang, son attachement à la cause du peuple, et a été percé d'un coup d'epée par un assassin : on fait même circuler un prétendu billet de ce député, dans lequel on lui fait dire que la patrie est en danger, et qu'il dénoncera quatorze personnes coupables du crime lèze nation. On s'écrie qu'il faut lui donner une garde de deux cents hommes, et punir des mandataires infidèles, qui ont vendu la liberté publique aux aristocrates et aux tyrans. Envain des hommes sages s'efforcent de ramener le calme; les motions les plus désespérées se succèdent; on ne veut voir que trâmes, que perfidies, que trahisons. Les uns demandent qu'on assemble les districts, les autres que l'on coure à Versailles. *Il faut agir sur-le-champ*, disoit-on; dans trois jours *la France est esclave*, *et l'Europe suivra son sort.* On rédige un arrêté dans le *café de Foy*, portant en substance, qu'il sera envoyé à l'heure même une députation à Versailles, à l'effet de déclarer que l'on n'ignore pas qu'elles sont les menées de l'aristocratie, pour faire passer le *veto* absolu; que l'on connoît tous les complices de cet odieux complot, que s'ils ne renoncent dès cet instant à leur ligue criminelle, quinze mille hommes sont prêts à marcher, que la nation sera suppliée de briser ces représentans infidèles, et de les remplacer par de bons citoyens; qu'enfin le roi et M. le Dauphin seront également suppliés, de se rendre au Louvre pour y demeurer en sûreté au milieu des fidèles parisiens. M. de Saint-Huruge, et d'autres citoyens sont nommés pour aller porter à l'assemblée cette singulière adresse.

Il étoit dix heures du soir, lorsqu'ils partirent du palais Royal, le dimanche 30 août, pour se rendre à Versailles. Quinze cents citoyens sans armes, les accompagnèrent pour protéger leur marche contre les aristocrates, que l'on présumoit devoir chercher à s'y opposer. Ils trouvèrent en effet les passages fermés; mais c'étoit par la garde nationale elle-même, par les défenseurs de la liberté. Jamais elle n'avoit été plus menacée qu'elle ne le fût en cet instant par le patriotisme en délire, de citoyens très-zélés pour la conserver, mais aveuglés par la crainte de la perdre, ou égarés par les suggestions perfides de leurs ennemis....

Cependant les envoyés du palais Royal,

étant arrivés à Versailles se rendirent chez M. de Lally-Tolendal, aussi célèbre alors par son attachement à la cause de la liberté, que par son éloquence, et lui exposèrent comme à un bon citoyen l'objet de leur mission. *Paris*, lui disent-ils, *ne veut point de veto; il regarde comme traîtres ceux qui en veulent, et il punit les traîtres.* Ils lui nommèrent même plusieurs membres de l'assemblée, déjà menacés de proscription..... Plusieurs lettres anonymes remises au président et aux secrétaires, renfermoient de plus grand détails sur les projets hostiles des habitués du palais Royal, et contenoient les menaces les plus violentes : les perfides auteurs d'une cabale criminelle devoient s'attendre, après qu'ils ne seroient plus à couvert par l'inviolabilité de leur caractère, à toutes les vengeances nationales; deux cents torches alloient éclairer leurs châteaux, et faire foi des intentions de ceux qui s'apprêtoient à les punir (1) ».

D'après ce tableau, il est facile de juger qu'il n'y avoit que la présence d'une armée qui pût empêcher que Paris ne se portât sur Versailles;

(1) Histoire de la révolution de 1789, et de l'établissement d'une constitution en France, par deux amis de la liberté. Tome III, pag. 84 et suivantes.

et Louis XVI se contenta de fortifier la garnison de cette ville par 200 dragons, et ensuite par le régiment de Flandres; et vous lui faites un crime d'avoir pris cette foible mesure de sûreté ! Ah ! reprochez-lui plutôt, et personne ne vous contredira, et les événemens postérieurs qui ont fait frémir l'Europe, vous n'en paroîtrez pas les complices; reprochez-lui de n'avoir pas appelé autour de sa personne sacrée de vrais amis, des serviteurs fidèles; de n'avoir pas fait venir à Versailles les troupes qu'il éloignoit de Paris; d'avoir défendu de faire feu sur les scélérats qui avoient conjuré sa mort; reprochez-lui d'avoir été la dupe de son cœur, en prenant des assassins pour le peuple; reprochez-lui sa funeste complaisance, pour ceux qui violoient ouvertement la souveraineté nationale qu'ils invoquoient; reprochez-lui de n'avoir pas usé de tous les moyens qui étoient en son pouvoir, pour empêcher cette nuit désastreuse, cette nuit effroyable qu'on placera dans nos annales, à côté de celle de St. Barthelemi. Voilà ce qu'en toute justice, on peut reprocher à Louis XVI. Hélas ! oui son administration n'est pas exempte de blâme, nous en faisons depuis long-tems une trop cruelle épreuve; mais ses fautes ne sont pas des crimes, ce sont les erreurs d'un bon roi; elles tiennent à une extrême sensibilité, à une bienfaisance peu commune, à un amour prodigieux pour le bien de ses peuples; et si la raison condamne quelques-unes de ses actions, trouve trop hasardées quelques-unes de ses démarches, le cœur les absout bien vîte en faveur des motifs.

Vous avez permis que dans des orgies faites sous vos yeux, la cocarde nationale fût foulée aux pieds, la cocarde blanche arborée, et la nation blasphémée.

Les gardes du roi, ainsi que toute l'armée étoient dans l'usage de donner le repas de corps aux troupes arrivantes à leur garnison; ils ne crurent pas devoir s'en dispenser envers le régiment de Flandres : les gardes nationaux de Versailles furent invités à ce repas. Dans ces instans de gaieté bruyante inséparable de ces sortes de fêtes, le roi, la reine et le Dauphin parurent dans la salle. On porta leur santé avec des acclamations d'amour et de joie : on fit jouer l'air, si analogue aux circonstances: *O richard! O mon roi! L'univers t'abandonne.* On parodia la pièce, en montant dans la loge de Louis XVI : on dansa une ronde sous les fenêtres du château. On cria encore *vive la cocarde blanche*, mais cette cocarde ne portoit pas encore le nom de la *cocarde révolutionnaire* : elle étoit celle de toute l'armée ; mais il ne fut nullement question de la *cocarde noire* ; mais il est certain qu'on ne foula pas aux pieds la cocarde parisienne ; il est certain qu'on ne se permit pas le moindre propos contre l'assemblée nationale. On a dit que donner un festin dans des instans de calamité, c'étoit insulter à la misère du peuple, mais cette imprudence méritoit-elle la mort? Au reste les gardes du roi sentirent eux-mêmes, que le spectacle de la joie pouvoit affliger les malheureux, et ils prirent vers la fin du repas une résolution bien respectable : ce fut de nourrir les pauvres de Versailles pendant le reste de la semaine.

Si cette fête eût été une *orgie indécente* comme on l'a appelée, si on y eût vomi des imprécations contre l'assemblée nationale, si la nouvelle cocarde y eût été foulée aux pieds, on n'auroit pas été quatre jours sans en parler. Mais l'assemblée nationale s'occupoit des moyens de forcer le roi à accepter purement et simplement les articles de la constitution qui étoient déjà décrétés, et sur-tout la déclaration des droits de l'homme. Il avoit répondu le 2 Octobre à Mounier, qu'il feroit connoître le plus promptement possible ses intentions. Un des articles qu'on le pressoit d'accepter, le dépouilloit de la puissance législative; ce sacrifice étoit si pénible à signer que, malgré le peu de succès de son retard sur les arrêtés du 4 août, il différa de trois jours.

La faction d'Orléans, qui étoit la même que celle de la majorité de l'assemblée nationale, car Mirabeau gouvernoit en despote et d'Orléans et l'assemblée, profita de ce délai pour arranger ses batteries. On sema l'or à pleines mains dans les fauxbourg de Paris pour se faire des partisans; on entretint une disette artificielle au milieu de l'abondance, pour exciter une insurrection; on représenta en même tems le clergé, la noblesse et la cour comme les auteurs de tant de maux; on échauffa le peuple à force de calomnies contre les gardes du corps; on le provoca enfin à tirer lui-même une réparation éclatante des outrages qui ne lui avoient pas été faits. « Le peuple est malheureux disoit-on: la source du mal est à Versailles. Il faut aller chercher le roi et l'amener à Paris; il faut exterminer le régiment de Flandres et les gardes du corps qui ont osé fouler aux pieds la cocarde nationale. Si le roi est trop foible pour porter sa couronne, qu'il l'a dépose. Nous couronnerons son fils, on

nommera

nommera un conseil de régence, et tout ira mieux. » (1)

Lafayette représenta au conseil de la commune l'impossibilité, selon lui, de résister aux demandes pressantes qui lui étoient faites; et le conseil de la commune composé alors de vingt bourgeois, au lieu de trois cents, autorisa, enjoignit même le commandant général de se rendre à Versailles. Une joie féroce éclata à cette nouvelle, et le héros à la tête de vingt mille hommes se mit en marche.

Six heures auparavant les poissardes, après avoir recruté des essaims de scélérats armés de piques, de broches, de bâtons et de mille autres instrumens de carnage, vomis par les fauxbourgs Saint-Antoine et Saint-Marceau, avoient pris la route de Versailles. Elles y arrivèrent à trois heures et demie. Ayant rencontré un garde du corps à cheval; *tu vas au château*, lui crièrent-elles en rugissant, *dis à la reine que nous y serons bientôt pour lui couper le cou.*

Le roi dès le matin avoit donné sa réponse sur les articles de la constitution et sur la déclaration des droits de l'homme. Elle étoit con-

(1) *Voyez* l'histoire de la révolution de 1789, par deux amis de la liberté. Tome III, pag. 300.

çue en ces termes : « De nouvelles loix constitutives ne peuvent être bien jugées que dans leur ensemble : tout se tient dans un si grand et si important ouvrage. Cependant je trouve naturel que dans un moment où nous invitons la nation à venir au secours de l'état par un pacte signalé de confiance et de patriotisme, nous la rassurions sur le principal objet de son intérêt. »

« Ainsi dans la confiance que les premiers articles constitutionnels que vous m'avez fait présenter, unis à la suite de votre travail, rempliront le vœu de mes peuples, et assureront le bonheur et la prospérité du royaume ; j'accorde, selon votre desir, mon accession à ces articles ; mais à une condition positive et dont je ne me départirai jamais, c'est que par le résultat général de vos délibérations, le pouvoir exécutif ait son entier effet entre les mains du monarque. Une suite de faits et d'observations dont le tableau sera mis sous vos yeux, vous fera connoître que dans l'ordre actuel des choses, je ne puis protéger efficacément ni le recouvremen des impositions légales, ni la libre circulation des subsistances, ni la sûreté individuelle des citoyens. Je veux cependant remplir ces devoirs essentiels de la royauté : le bonheur de mes sujets, la tranquillité publique et le maintien de l'ordre social en dépendent. Ainsi je demande que nous levions en commun tous les obstacles qui pourroient contrarier une fin si desirable et si nécessaire. »

« Vous aurez sûrement pensé que les institutions et les formes judiciaires actuelles ne pouvoient éprouver de changemens qu'au moment où un nouvel ordre de choses leur avoit été substitué ; ainsi, je n'ai pas besoin de vous faire aucune observation à cet égard. »

« Il me reste à vous témoigner avec franchise, que si je donne mon accession aux divers articles constitutionnels que vous m'avez fait remettre, ce n'est pas qu'ils présentent tous indistinctement l'idée de la perfection. Mais je crois qu'il est louable en moi de ne pas différer d'avoir égard au vœu présent des députés de la nation, et aux circonstances allarmantes qui nous invitent si fortement à vouloir par-dessus tout, le prompt rétablissemert de la paix, de l'ordre et de la confiance (1).

(1) *Voyez* précédemment, page 46, ce qu'ajoutoit le roi sur la déclaration des droits de l'homme et du citoyen.

Telle fut la réponse de Louis XVI sur les premiers articles d'une constitution qu'il jugeoit, ainsi que l'expérience l'a démontré, si peu appropriée au génie et aux mœurs des français, et que Barrère dans la séance du 16 décembre 1792, au bruit des applaudissemens de toute la salle et des tribunes, a appelé une constitution vicieuse et incohérente, une constitution qui ne pouvoit faire que le malheur de la nation. On commenta cependant cette réponse sage de mille manières différentes; on se plaignit des clauses que le roi sembloit mettre à son obéissance; on se souleva contre le mot *accession* dont il se servoit; on vota pour le forcer de venir à l'assemblée dire qu'il juroit l'observation des articles; on se déchaîna contre le festin des gardes du corps, et on dénonça les prétendus cris séditieux qui s'étoient fait entendre quatre jours auparavant à ce trop fameux repas. Et dans quelle circonstance déclamoit-on avec tant de rage contre le roi et contre ses gardes? C'étoit lorsque les poissardes et l'armée parisienne étoient en marche; et l'assemblée loin de prendre des mesures pour arrêter cette criminelle invasion, n'en poursuivit qu'avec plus d'acharnement l'acceptation pure et simple des 29 articles de la constitution. Et quelle perfide et lâche conduite, comme l'a très-bien observé l'auteur d'un excèlent ouvrage sur les états généraux, que celle d'une assemblée législative qui profite de l'arrivée d'une foule de brigands et de l'approche d'une armée, pour forcer un prince, abandonné de tout le monde, à signer lui-même l'anéantissement de sa prérogative, et qui lui demande sa couronne à l'instant même où d'autres vont lui demander la vie! Alléguerez-vous que c'étoit pour calmer le peuple? Mais une partie du peuple n'attachant aucune importance à la fabrication de vos décrets, étoit venue pour demander du pain, et l'autre, ah! j'en frémis, pour.... assassiner. Les *bons patriotes* de l'assemblée et les grands *meneurs* étoient dans ce complot. Tout le prouve, et la tranquillité des membres qui virent siéger à côté d'eux des femmes et des brigands armés de poignards, et leur refus de se rendre auprès du roi qui invoquoit leur protection et leurs conseils, et leurs déclamations contre sa réponse, afin d'allumer la fureur de la populace, et leur haine bien prononcée contre le régiment de Flandres et contre les gardes du corps, et leurs peines et les précautions pour empêcher que le voile qui cachoit les coupables ne fût déchiré.

Je ne chercherai pas à émouvoir la sensibilité du lecteur par le récit affligeant du massacre des gardes du corps qui se laissèrent égorger sans tirer un coup de fusil, par le tableau des scènes atroces qui furent commises dans le château et dans la chambre même de la reine, par le spectacle de Louis XVI et de sa famille traînés captifs dans la capitale à la suite d'une populace dégoutante de sang, faisant retentir les airs de propos infâmes et de blasphêmes contre la reine, et portant sur des piques, devant la voiture du roi, les têtes livides de deux de ses gardes. Et ce n'est qu'une année après que l'assemblée a permis d'informer contre les auteurs de ces attentats! et après une procédure qui désignoit les coupables, elle a eu l'audace de les décharger d'accusation, d'imposer silence aux organes de la justice! et la révolte du peuple ne seroit pas son ouvrage! Non, non, vous l'avez vu; le peuple ne fut pas soulevé par l'intérêt de ses droits menacés d'une nouvelle offense, il ne le fut pas non plus par ses besoins, car toute la France est témoin que dans des tems plus calamiteux, il a souffert sans se plaindre; mais d'Orléans, mais vous-même avez soufflé le feu de l'insurrection, et à l'aide d'une famine passagère d'une famine périodique, et qu'on voit renaître quand le succès de vos conjurations le demande, vos agens ont pu, sans se compromettre, tenter tous les crimes que vous méditiez. C'est là votre tactique ordinaire ; ce sont les moyens que vous avez employé plus d'une fois depuis cette funeste époque ; et dans l'examen que je me suis proposé de faire, je dévoilerai toute l'infamie de ces manœuvres : et quand je serai parvenu à cette affreuse journée du 10 août ! ..... le voile sera déchiré ...... les véritables assassins seront connus ..... l'innocence sera vengée. Mais n'anticipons pas sur ce terrible évènement que je voudrois pouvoir effacer pour toujours de ma mémoire.

Ne dites donc pas à présent que Louis XVI a nécessité une nouvelle insurrection ; qu'avoit-il fait pour celà ? Ne dites pas non plus qu'il a occasionné la mort de plusieurs citoyens dans l'affaire du 6 octobre ; pas une amorce n'a été brûlée pour sa défense. S'il a coulé du sang, c'est vous qui êtes les coupables ; la France et l'Europe vous ont jugé. --- Ne dites pas encore que ce n'est qu'après la défaite de ses gardes qu'il a changé de langage et renouvellé des promesses perfides. Le langage de Louis XVI a toujours été le même. Depuis l'ouverture des états généraux où il dit à la nation assemblée : « Tout ce qu'on peut attendre du plus tendre intérêt au bonheur public, tout ce qu'on peut demander à un souverain, le premier ami de ses peuples, vous pouvez, vous devez l'espérer de mes sentimens; » tous ses discours comme toutes ses actions ont respiré la bienfaisance la plus généreuse. Je défie de citer une seule phrase qu'un Marc-Aurèle, qu'un Titus ne pût avouer. Si je remonte au contraire aux premiers tems de l'assemblée nationale, je retrouve consignées dans son procès-verbal des adresses au roi, bien humbles, bien respectueuses. Et certes, il y a une grande différence entre la manière dont elle s'exprimoit alors, et le ton arrogant qu'elle a pris depuis. Ce seroit une chose fort curieuse que de faire remarquer comment elle est parvenue d'abord à secouer toutes les formules d'étiquette, ensuite à s'exprimer avec assurance, et enfin à commander en despote, et de montrer qu'elle a suivi de même une marche graduelle pour détruire de fond en comble la monarchie. Mais cet examen nous meneroit trop loin, et je le réserve pour l'histoire de nos deux révolutions que je médite depuis longtems. Pour prouver ce que je viens de dire du langage respectueux de l'assemblée dans son principe, et que tout le monde puisse juger qui, de l'assemblée nationale ou du roi, mérite le reproche exprimé dans l'acte d'accusation, *d'avoir changé de langage et fait des promesses perfides*, j'ouvre le procès-verbal et je lis : « Les députés des communes déclarent que dans la plus vive impatience, ils attendent l'instant d'une vérification commune pour offrir à Louis XVI un hommage plus éclatant de leur amour pour sa personne sacrée, pour son auguste famille, et de leur dévouement aux intérêts du monarque inséparables de ceux de la nation. — Sire, vos fidèles communes n'oubliront jamais ce qu'elles doivent à leur roi : jamais elles n'oubliront cette alliance naturelle du trône et du peuple contre les diverses aristocraties, dont le pouvoir ne sauroit s'établir que sur la ruine de l'autorité royale et de la félicité publique. — Le peuple français, qui se fit gloire dans tous les tems de chérir ses rois, sera toujours prêt à verser son sang et à prodiguer ses biens pour soutenir les vrais principes de la monarchie. —— Dès le premier instant où les instructions que ses députés ont reçues leur permettront de porter un vœu national, vous jugerez, Sire, si les représentans de vos communes ne seront pas les plus empressés de vos sujets à maintenir les droits, l'honneur et la dignité du trône ; à consolider les engagemens publics, et à rétablir le crédit de la nation. — Vous reconnoîtrez aussi qu'ils ne seront pas moins justes envers leurs concitoyens de toutes les classes, que dévoués à votre majesté. » (1)

Je lis encore dans l'adresse du 13 juin au roi. « Les députés des communes jurent de seconder de tout leur pouvoir, les généreux desseins que votre majesté a formés pour le bonheur de la France. Et afin d'y concourir avec plus de succès, afin que l'esprit qui vous anime, sire, puisse être sans cesse au milieu d'eux, et conserver entre leurs vœux et vos intentions, la plus constante harmonie, ils supplient votre majesté de vouloir bien permettre à celui qui remplira les fonctions de doyen et de président dans leurs assemblées, d'approcher directement de votre personne sacrée, et de lui rendre compte de leurs délibérations, et des motifs qui les auront déterminées. » (2)

Je crois à présent que tout lecteur impartial

---

(1) Récit des séances des dép. des comm. in-4°. pag. 73 et 74.

(2) Procès verbal des communes, édition in-4°. pag. 46.

peut décider sur qui doit tomber l'accusation d'avoir fait des promesses perfides et changé de langage. — J'aurois encore bien des raisons à déduire pour montrer la fausseté des crimes dont charge Louis XVI le troisième article de l'acte énonciatif de ses délits ; mais je crois avoir suffisamment prouvé ; 1°. qu'il n'a point persisté dans ses projets contre la liberté nationale, puisqu'au contraire il est démontré qu'il en est le restaurateur ; 2°. qu il n'a point voulu éluder l'exécution des décrets de la nuit du 10 août, et refusé de reconnoître la déclaration des droits de l'homme ; mais seulement qu'il a usé du droit inhérent alors à la royauté de faire, sur les décrets qui violoient la propriété de toutes les classes de citoyens, ou qui prêtoient à l'arbitraire, les observations que lui dictoient son amour pour la justice et son zèle pour le bonheur de ses sujets ; 3°. qu'en qualité de dépositaire de la force publique, il a pu et il a dû appeler à Versailles les troupes que le bon ordre exigeoit ; 4°. que c'est sur la faction d'Orléans, réunie à celle des niveleurs démagogues de l'assemblée onstituante, que doivent retomber les massacres du 5 et du 6 octobre, puisqu'il est démontré que ce sont eux qui ont appelé dans Versailles les assassins qui devoient égorger le roi et la reine; 5°. enfin que Louis XVI n'a jamais fait de promesses perfides, mais qu'au contraire ce sont les représentans du peuple qui ont violé leurs sermens et leurs devoirs. Donc la troisième accusation, loin de servir à condamner Louis XVI, est une apologie complette de sa conduite.

§. IV.

Vous aviez prêté à la fédération du 14 juillet un serment que vous n'avez pas tenu. Bientôt vous avez essayé de corrompre l'esprit public à l'aide de Talon, qui agissoit dans Paris, et de Mirabeau, qui devoit imprimer un mouvement contre-révolutionnaire aux provinces.

Réponse de Louis XVI.

Je ne me rappelle pas ce qui s'est passé dans ce tems-là, mais tout est antérieur à l'acceptation que j'ai faite de la constitution.

OBSERVATIONS.

Je ne sais pas si Talon a été employé par le roi pour l'objet dont on parle; je ne sais pas si la cour a été assez basse pour recourir à Mirabeau, un des acteurs de la journée du 6 octobre, et l'un de ceux qui a le plus contribué au renversement de la monarchie; je n'examinerai pas si Mirabeau a pu sans rien craindre, songer à rétablir un gouvernement envers lequel il a des torts infinis, et si son ame, quelque vile qu'on la connoisse, n'auroit pas eu une répugnance invincible de trafiquer honteusement de sa personne et de ses facultés. Peu importent les individus; c'est à l'accusation qu'il faut répondre. Or vous dites que Louis XVI a essayé de corrompre l'esprit public. Si vous entendez par esprit public, un esprit qui voit avec plaisir la France en proie au brigandage, la justice muette et tremblante, les liens de la société rompus, les crimes les plus atroces impunis, et l'innocence juridiquement suppliciée. Si vous entendez par esprit public l'avilissement de la religion, du clergé et du monarque; un esprit qui s'étaye sur toutes les passions les plus effrénées, qui se refuse à toute espèce d'autorité, qui ne souffre aucun joug, pas même celui qu'imposent l'honneur et la vertu; un esprit qui conseille le crime et ordonne le meurtre, qui autorise la vengeance et excite ses fureurs, qui porte par-tout la désorganisation, et anéantit tous les rapports; un esprit qui arme sans cesse celui qui n'a rien contre celui qui a quelque chose; un esprit enfin qui tend à perpétuer les désordres de l'anarchie et les souffrances du peuple, je l'avouerai, Louis XVI a fait l'impossible pour le corrompre et le perdre; et graces lui soient rendues de ses intentions bienfaisantes ! Mais si vous appelez pervertir l'esprit public, remettre en vigueur les principes sociaux, resserrer les liens rompus ou relâchés, rappeler à l'obéissance due aux loix, et commander le respect pour ceux qui en sont les organes, réunir toutes les forces et les diriger vers un but commun, celui de sauver l'état de ses dangers, Louis XVI se déclarera lui-même convaincu de ces crimes, et vous n'aurez qu'à prononcer sa sentence. Qu'on lise toutes les proclamations qu'il a publiées; on n'en trouvera pas une seule où il ne cherche à éclairer sur ses véritables intérêts, *le peuple qu'on égare, ce bon peuple qui lui est si cher*, même après les traitemens cruels qu'il en a essuyés, *et dont on l'assuroit qu'il étoit aimé, quand on vouloit le consoler de ses peines* (1).

Depuis qu'il a accepté la constitution, tous ses efforts se sont dirigés vers le rétablissement de la paix dans l'intérieur du royaume, parce qu'après les orages d'une aussi longue révolution, elle devoit être le terme de tous les desirs et de toutes les espérances. Je parle de cette

---

(1) Discours du 4 février 1790.

paix qui accélère le mouvement de la machine politique, et assure dans toutes les parties de l'empire le châtiment du crime et la sécurité de l'innocence; de cette paix qui, en ralliant toutes les volontés au tour d'une constitution achetée par quatre années de désastres, étoit dans le cas d'imprimer aux ennemis du dehors, plus de crainte et d'effroi que toutes les armées répandues sur nos frontières.

C'est donc une accusation sans fondement, que ce reproche fait au roi d'avoir voulu corrompre l'esprit public; car on entend par là, ou que Louis XVI vouloit ramener le peuple à des principes plus modérés, ou le dégoûter de la constitution, ou enfin le porter aux plus violens excès, parce que de l'anarchie résulte presque toujours le despotisme. Dans ce dernier cas, il n'avoit pas besoin de recourir à Talon et à Mirabeau, si toutefois il est vrai qu'il les ait employés, et de dépenser, pour parvenir à ce but, une partie de sa liste civile; il pouvoit s'en reposer entièrement sur la société des Jacobins; et d'ailleurs ce motif est trop criminel pour pouvoir seulement supposer qu'il soit entré dans l'ame de Louis XVI. Et certes il avoit fait une trop cruelle expérience du danger ou les émeutes populaires pouvoient mettre sa personne et sa famille, pour essayer d'en produire ! Auroit-il été sûr, soit par lui, soit par ses agens, de les diriger à volonté, lorsqu'une faction dominatrice tenoit, par une correspondance active et soutenue, tous les ressorts qu'on auroit été dans le cas de mettre en jeu ? La seconde hypothèse est hors de toute probabilité. Prétendre que Louis XVI vouloit dégoûter de la constitution n'est pas croyable, c'est d'ailleurs blâmer en lui, ce dont on s'est fait honneur, même dans la tribune de l'assemblée nationale. Le roi a réuni tous ses efforts pour le maintien de l'acte constitutionnel qu'il avoit juré avec toute la France, et les liaisons et les correspondances qu'on le suppose avoir eu avec les membres de l'assemblée législative qui ont le plus fortement défendu la constitution, ne laissent aucun doute sur la pureté de ses intentions à cet égard.

Peut-être n'a-t-on pas encore oublié ces paroles touchantes qui terminèrent son discours du 4 février 1790. « Que ceux qui s'éloigne-
» roient encore d'un esprit de concorde, devenu
» si nécessaire, me fassent le sacrifice de tous
» les souvenirs qui les affligent, je les paierai
» par ma reconnoissance et mon affection. Ne
» professons tous à compter de ce jour ; ne
» professons

» professons tous, je vous en donne l'exemple, » qu'une seule opinion, qu'un seul intérêt, » qu'une seule volonté, l'attachement à la cons- » titution nouvelle et le désir ardent de la » paix, du bonheur et de la prospérité de » la France. »

Reste donc la première supposition, que Louis XVI cherchoit à ramener la tranquilité dans l'empire ; nous en avons parlé tout-à-l'heure, et des vues si pures ne méritoient certainement pas d'être calomniées.

§. V.

Vous avez répandu des millions pour effectuer cette corruption, et vous avez voulu faire de la popularité même un moyen d'asservir le peuple. Ces faits résultent d'un mémoire de Talon, que vous avez apostillé de votre main, et d'une lettre que Laporte vous écrivoit le 19 avril, dans laquelle, vous rapportant une conversation qu'il avoit eu avec Rivarol, il vous disoit que les millions qu'on vous avoit engagé à répandre n'avoient rien produit. Dès long-tems vous aviez médité un projet de fuite. Il vous remit le 23 février un mémoire qui vous en indiquoit les moyens, et vous l'apostillâtes.

Réponse de Louis XVI.

Je n'avois pas de plus grand plaisir que de donner à ceux qui avoient besoin : cela ne tient à aucun projet

OBSERVATIONS.

C'est la première fois sans doute, et plût à dieu qu'on ne voie jamais une assemblée nationale perdre à ce point l'oubli de la vertu la plus chère à l'infortune, car ce seroit annoncer une dépravation générale dans les mœurs publiques et l'anéantissement prochain de l'état; c'est la première fois qu'on a vu la bienfaisance regardée comme un crime; c'est la première fois que dans l'instruction d'un procès on a osé faire venir le soulagement des malheureux à la charge de l'accusé. Ce reproche est inoui : ce reproche est une tâche à la réputation de probité dont doit être jalouse la convention. Le cœur sensible de Louis XVI en a été suffoqué. Il n'a pu retenir ses larmes; l'assemblée, les tribunes en ont été témoins, et ces larmes sont contre le projet de corruption qu'on lui suppose un argument auquel il n'y a rien à répliquer. — Que le ci-devant duc d'Orléans soit jeté dans les fers; que de nombreux témoins dévoilent ses projets criminels, découvrent la trame de ses perfidies, et qu'on l'accuse alors d'avoir répandu de l'argent en 1789 pour faire soulever le peuple contre son roi, contre son parent, et qu'on prête, à ses aumônes, faites avec ostentation et prônées jusque dans les carrefours, des motifs coupables, je le croirai sans peine et tous les honnêtes gens le croiront avec moi. Cette bienfaisance de commande, cette bienfaisance passagère est trop en opposition avec le cœur dépravé de l'individu : on sait ce qu'il vaut. Mais peut-on établir la moindre comparaison entre Louis XVI et d'Orléans ? quel rapport peut-il y avoir entre le vice et la vertu ? Le roi a fait le bien, et il l'a fait sans rien dire. Des journalistes à gage ont-ils prôné ses bienfaits ? Des poëtes sans pudeur ont-ils célébré sa générosité (1) ? On ne peut également lui reprocher de n'avoir eu pour les malheureux qu'un zèle périodique. Il l'a dit lui-même dans sa réponse au président. *je n'ai pas eu de plus grand plaisir que de donner à ceux qui avoient besoin.* Ah ! j'en appelle à ceux qui ont eu le bonheur de l'approcher ; ne s'est-il pas fait dans tous les tems un devoir d'essuyer les larmes de l'infortune ? toutes les époques de son règne n'ont-elles pas été marquées par de nouveaux bienfaits ? Et si dans le tems de sa plus grande prospérité son cœur a toujours été ouvert à

(1) *Voyez* la prose rimée que d'Arnaud Baculard a cousue en l'honneur de Philippe Egalité.

la compassion, pourquoi voulez-vous que dans le malheur il soit devenu de bronze ? Le roi durant sa longue captivité s'est promené deux fois dans les fauxbourgs de Paris ; et dans ces deux fois il a distribué en tout dix louis. Est-cela une somme suffisante pour gagner les suffrages du peuple ? vous savez par votre propre expérience qu'un soulèvement est payé bien plus cher. La journée du 20 juin, celle du 10 août, celles du 2 et du 3 septembre, fruit d'intrigues abominables ourdies depuis plusieurs mois, ne se sont pas faites avec une misérable somme de deux cents livres.

Louis XVI a voulu faire de la popularité même un moyen d'asservir le peuple. — Vous avez voulu faire... Quelle plaisante façon d'instruire un procès ! comment ! vous osez fonder une accusation sur une volonté présumée ? sur des désirs que rien ne prouve ? a-t-on jamais vu une tyrannie semblable ? Dans quel code criminel, chez les nations même les plus barbares, a-t-on fouillé le cœur d'un accusé pour y trouver, entachées de quelques vices, des actions que l'apparence fait placer à côté des actions vertueuses ?

Après avoir fait un crime à Louis XVI des

secours qu'il a donné aux indigens, il étoit naturel de lui reprocher sa popularité. Dans un second rapport monsieur Lindet le regardera sans doute comme coupable, parce qu'il a aimé les sciences et les arts; parce qu'il a été juste, économe, modéré; en un mot, parce que la nature lui avoit réparti presque toutes les qualités qui font les bons princes. Eh! quoi? vouloit-il que semblable à Pygmalion, il s'enfonçât au fond de son palais, pour se dérober aux regards curieux de son peuple? Hélas! on a tenu trop longtems Louis XVI séparé des français; mais on vouloit leur faire perdre l'habitude de voir un roi, et on a craint que le spectacle trop fréquent d'un monarque outragé, et qui avoit plus fait pour la France qu'aucun de ses prédécesseurs, ne réveillât l'attachement signalé que la nation a toujours fait éclater pour ses souverains. Qu'on lui donne la permission de reparoître, et je ne serois pas étonné qu'il ne devînt pour ce même peuple qui lui a fait tant d'outrages, un objet d'idolatrie. Le malheur et la vertu ont sur le cœur de l'homme un ascendant que l'or et les intrigues ne feront jamais perdre.

§. VI.

Le 28 une multitude de nobles et de militaires se

répandirent dans vos appartemens, au château des Thuileries, pour favoriser votre fuite : vous voulûtes le 18 avril quitter Paris pour vous rendre à St.-Cloud.

Réponse de Louis XVI.

Cette accusation est absurde.

OBSERVATIONS.

Avant que de répondre à ces griefs, je veux en faire connoître toute l'étendue ; car la manière dont cet article est rédigé est fort singulière. La postérité ne croiroit pas que la convention nationale eût dit à Louis XVI pour prouver qu'il est coupable de trahisons envers l'état : *vous avez voulu le 18 avril quitter Paris pour vous rendre à Saint-Cloud.* Il faut donc recourir au rapport général que Lindet a fait au nom de la commission des vingt-un, pour entendre ce qu'on a voulu dire par cette phrase.

» On remarque, dit *monseigneur*, de nouveaux rassemblemens à Paris, des démarches et des correspondances suspectes, des mouvemens et un grand concours au château. On ne vit dans cette nouvelle scène, que la tentative de la fuite prochaine de Louis. Le peuple qu'on s'étoit flatté d'égarer et d'intéresser au succès de l'entreprise, redoubla de vigilance ; mais on employa de nouveaux moyens pour tromper son activité et sa surveillance, on chercha à diriger son attention et ses forces sur des points éloignés. On dit que le château de Vincennes étoit menacé, que les conspirateurs se rassembloient hors de Paris. Il consent d'éclairer tous les points menacés, mais il se porte au château des Tuileries, il y trouve rassemblés tous les esclaves et les stipendiés de la royauté ».

« Louis alloit quitter Paris ; on chasse les chevaliers du poignard, après les avoir désarmés ; le succès de cette journée ramène le calme et la tranquillité dans Paris. Le roi résolut d'attendre une occasion plus favorable à l'accomplissement de ses desseins. Le 16 avril il annonçoit à l'évêque de Clermont que s'il recouvroit sa puissance, il rétabliroit l'ancien gouvernement et le clergé dans l'état où ils étoient avant la révolution. »

A présent qu'on a lu le commentaire qui explique l'énoncé du VIe. délit, on est à même d'en connoître toute la gravité. Il est faux que Louis XVI eût alors formé le projet de quitter Paris ; cette imputation est absolument dénuée de preuves. M. Lindet qui a soin de citer des extraits des lettres trouvées au château des Thuilleries, lettres qui, au fond, ne peuvent pas servir de témoignage, soit parce qu'elles ne sont pas reconnues par l'accusé, soit parce que les personnes qui les ont écrites étant ou absentes ou ayant éte la victime des insurrections populaires et des arrêts de mort prononcés par un tribunal de sang, ne peuvent en assurer l'authenticité, soit enfin parce qu'elles n'ont pas été inventoriées d'une manière légale, d'une manière qui puisse donner la certitude qu'aucune pièce à la décharge du roi n'a été soustraite, qu'aucune forgée à loisir par des faussaires n'y a été insérée, M. Lindet, dis-je, n'apporte pas le moindre écrit pour appuyer son accusation. Eh! sous quel gouvernement vivons-nous, s'il est permis dans une assemblée nationale d'offenser impunément la vérité, d'accumuler calomnie sur calomnie, pour perdre un homme dont la vie publique comme la vie privée est un exemple rare de décence, de justice et de modération? Ne m'alléguez pas le salut du peuple. C'est au vôtre que vous travaillez; car je ne le cacherai pas, et pour me servir d'une expression triviale, mais qui exprime fort bien ma pensée, *vous craignez les revenans*. Vos déclamations outrées dans la tribune et répétées par vos émissaires dans tous les groupes, n'annoncent pas du courage; il n'y a que de la lâcheté à poursuivre un malheureux qui ne peut se défendre ; or, la lâcheté dans quelles ames entre-t-elle ordinairement ? Vous me dispenserez sans doute de le dire. — Mais pouvez-vous avoir le front de donner pour excuse le salut du peuple. Est-ce que le salut du peuple, demande que vous mentiez à vous-mêmes, et que malgré la conscience intime que vous avez que votre acte d'accusation n'est qu'un tissu infâme d'impostures, vous couvriez la nation d'une honte éternelle ? Le salut du peuple ! non jamais le ciel ne permettra que le bonheur du peuple se cimente par des forfaits. Un fameux législateur de la Grèce prononça que les citoyens convaincus de calomnie, auroient la langue percée d'un fer chaud, et la tête couronnée de bruyère ; j'irai à l'assemblée nationale faire la pétition d'établir cette loi parmi nous, et je demanderai que le citoyen Lindet conduit sur la place de grêve, reçoive humblement, au lieu de la médaille de député, la modeste bruyère. Pour nous régénérer, il faut nous donner des mœurs ; et elles seroient perdues pour toujours, si la convention ne sévissoit d'une manière exemplaire contre ceux qui se permettent si ouvertement de calomnier l'innocence.

Une multitude de nobles et de militaires se répandirent dans vos appartemens, au château des Thuil-

leries pour favoriser votre fuite. Ces nobles et ces militaires vinrent pour défendre le roi, et non pour favoriser sa fuite. Les faits vont le prouver. — La nouvelle du départ de mesdames tante du roi avoit excité dans Paris une extrême fermentation. Plusieurs députations des *dames de la Halle* s'étoient transportées aux châteaux de Belle-vue et de Choisy, pour supplier mesdames de ne pas abandonner le roi. Mais ces princesses n'en persistèrent pas moins dans leur résolution, et partirent le 19 février 1791 à dix heures du soir. Une inquiétude générale se répandit le lendemain, et devint encore plus vive au bruit qui courut que Monsieur et Madame se préparoient à les suivre. On les força de se rendre aux Thuilleries, et la foule les accompagna jusque chez le roi. Ce fut alors qu'on proposa de fixer les devoirs des princes de la dynastie régnante. L'arrestation de Mesdames à Moret, et ensuite à Arnay-le-duc entretint l'agitation. Il se forma dans les Thuilleries un attroupement considérable de femmes et d'une quantité de peuple qui demandoient que le roi donnât des ordres pour le retour de mesdames. Le Maire, et aussitôt après lui tous les officiers municipaux s'y transportèrent, ils firent de vains efforts pour engager la multitude à s'éloigner.

Le rassemblement grossissoit toujours, et la municipalité ne put sortir qu'avec peine du jardin pour se rendre au château. La foule l'accompagna jusqu'à la grille, autour de laquelle elle se pressoit avec une sorte de fureur, demandant à parler au roi. Les femmes sur-tout faisoient rage et montroient le plus violent emportement. M. Bailly leur observe qu'il faut du moins faire demander auparavant la permission à sa majesé. Mais on est sourd à ses exhortations. Les officiers municipaux ordonnent alors, à plusieurs reprises, au nom de la loi, à la multitude de se retirer. Leur sommation ne produisant pas plus d'effet, deux détachemens de la garde nationale entrent par les portes du manège et du pont Royal, tandis qu'un troisième suivi de quelques pièces d'artillerie et précédé d'officiers municipaux, se fait ouvrir la grille. La contenance ferme de la garde nationale fit bientôt évacuer le jardin, la marche de quelques bataillons dans les alentours du château, rétablit en peu de tems la tranquillité publique; et fit sentir aux plus échauffés que le parti de la retraite étoit le seul qui leur restoit à prendre (1). » Ces faits

(1) Histoire de la révolution de 1789, par deux amis de la liberté. Tome VI., pag. 325 et suiv.

sont irrévocables. Je les ai puisés dans un ouvrage dont les auteurs sont connus par leur patriotisme. Si je les eus raconté moi-même, je n'aurois pas oublié une foule de circonstances vraiment allarmantes pour la personne du roi; mais mon récit auroit sans doute été suspect de partialité, au lieu qu'on ne peut soupçonner celui que je viens de présenter.

Que fit la noblesse dans cette circonstance? Elle crut de son devoir de se porter auprès de la personne du roi, pour seconder la garde nationale, et en recevoir ou lui donner l'exemple de l'amour et du courage. Louis XVI témoigna beaucoup de sensibilité à tous ceux qui vinrent augmenter le nombre de ses défenseurs, et quatre jours après, lorsque les brigands allèrent pour démolir le donjon de Vincennes, ces mêmes militaires craignant qu'ils ne se portassent ensuite au château des Thuilleries s'y rendirent en armes. Le jeudi, leur présence n'avoit fait ombrage à personne, et ce jour là, on leur supposa les projets les plus absurdes. On dit d'abord qu'ils devoient assassiner Louis XVI en présence de la garde nationale; on publia ensuite qu'ils devoient égorger, sous les yeux du roi, la garde nationale, malgré ses sabres, ses pistolets, ses fusils, ses bayonnetes, ses canons, et malgré la grande supériorité de son nombre, et l'immense avantage de son poste ; malgré l'allarme donnée par-tout, et la possibilité d'avoir en un instant des renforts considérables (1). De toutes ces versions les unes plus absurdes que les autres, la commission des vingt-un s'est atrêtée à celle qui est défavorable aux intentions du roi : elle a prétendu que ces 150 ou 200 gentilshommes tout au plus ne s'étoient rendus aux Thuilleries que pour protéger la fuite du roi. On auroit dû en même tems indiquer les moyens que ces militaires auroient employé pour vaincre le courage de la garde nationale. Peut-il tomber sous le sens commun, que 200 personnes aient eu le projet d'enlever, à force ouverte, Louis XVI, le dauphin et la reine, et cela aux yeux de tout Paris ? En vérité, cette accusation est bien le comble de l'extravagance, et je ne crois pas que personne, quelque prévenu qu'il soit en faveur de la véracité du citoyen Lindet, soit assez sot pour y ajouter foi.

Il n'est donc nullement prouvé que le roi ait voulu s'enfuir à l'aide des gentilshommes qui se répandirent dans ses appartemens le 28 février 1791. Une chose au contraire est prouvée,

(1) *Voyez* la journée du 28 février, par M. de Rossi.

c'est que ces gentilhommes effrayés des dangers où la personne du prince pouvoit se trouver, se rendirent auprès de lui, uniquement pour lui témoigner leur amour et leur attachement. *On chasse tous les chevaliers du poignard après les avoir désarmés.* Il n'y a aucune exactitude dans ce récit. Un seul individu fut désarmé ; les autres obéirent aux ordres du roi qui leur dit : *je vous prie MM. de déposer ici les armes que le zèle pour la défense de ma personne pourroit vous avoir fait apporter, et de vous prescrire la plus grande modération sur tout ce que pourroient faire commettre à cet égard, l'erreur, la prévention et les fausses interprétations.* Le roi se rendit dépositaire de ces armes. Mais la garde nationale exprimant le désir de s'emparer de ce dépôt, la Fayette les fit enlever par ses aides de camp : on en brisa une partie dans les cours, les autres disparurent. C'est ainsi que l'évènement se passa.

» Paris étoit dans la plus inquiete agitation, continue Lindet, le départ du roi étoit annoncé ; des circonstances menaçantes se renouvelloient. Le peuple étoit agité ; Louis se proposa le 18 avril d'aller à Saint-Cloud ; mais le peuple ne voit dans ce voyage que l'exécution d'un projet d'évasion ; Louis est arrêté et reconduit au château des Tuileries : le lendemain il se rend à l'assemblée, il se plaint des doutes inspirés sur ses sentimens pour la constitution; j'ai accepté, dit-il, j'ai juré de maintenir la constitution, dont la constitution civile du clergé fait partie, et j'en maintiens l'exécution de tout mon pouvoir. Le même jour il reçoit une lettre de la Porte qui lui écrit : M. Rivarol a eu avec moi une longue conversation sur les affaires publiques. En voici le résultat. Le roi perd sa popularité; il faut, pour la lui rendre, employer les mêmes moyens et les mêmes agens qui la lui ont enlevée; ces gens sont ceux qui dominent dans les sections. Tout ce que je puis dire à votre majesté, c'est que les millions qu'on l'a engagée de répandre n'ont rien produit; les affaires n'en vont que plus mal. La Porte adressa à Louis le 22 une pièce importante, contenant un extrait d'une lettre de l'évêque d'Autun; il lui annonce qu'un nouveau parti s'offre à le servir; mais, dit-il, je crois que cette faction veut vous dominer; elle sait que vous avez répandu de l'argent, et que vous l'avez partagé entre Mirabeau et quelques autres. Cette faction dans l'espérance d'y avoir part, va empêcher qu'on attaque votre liste civile ».

Il est faux que le peuple ne vit dans le

voyage du roi qu'un projet d'évasion. Dès le vendredi des ordres avoient été donnés pour ce voyage par le directoire du département. Le dimanche suivant, la première division de la garde nationale avoit formé le détachement qui devoit aller à Saint-Cloud, le lundi matin ce détachement étoit parti, et personne n'avoit imaginé d'opposer le moindre obstacle à une marche ordonnée par les corps administratifs, et parfaitement connue de l'assemblée nationale. Mais il n'en fut pas de même au moment du départ du roi. Le bruit avoit couru la veille qu'il avoit reçu, dans sa chapelle dont l'entrée étoit interdite au public, la communion des mains de son grand aumônier dont la résistance à la constitution civile du clergé étoit connue; qu'il avoit retiré au curé de Saint-Eustache, la direction de sa conscience pour la donner à un ex-jésuite; qu'il avoit mal reçu le nouveau curé de Saint-Germain-l'Auxerrois, auquel il avoit tourné le dos, et que des scènes de ce genre s'étoient répétées au palais du Luxembourg. Ces bruits populaires excitèrent des mécontentemens et des murmures. Comme on apperçoit les voitures du roi, le tocsin de l'église Saint-Roch se fait entendre, en moins d'une demie-heure la place du Carrousel est couverte de citoyens sans armes.

La garde nationale, sur les ordres de ses chefs, s'y rend aussi la bayonnette renversée en signe de fraternité : M. de la Fayette et ses aides-de-camp se répandent dans la foule pour la rappeler à des sentimens de paix et de modération. On ne leur répond que par ces cris : *taisez-vous, le roi ne partira pas.* Monsieur paroît aux fenêtres du *Museum*, en face du Carrousel; mille voix s'élèvent du milieu de la place; *nous ne voulons pas que le roi parte.* Cependant le roi monte dans sa voiture avec sa famille; à cette vue les instances du peuple redoublent, M. de la Fayette ordonne à la garde nationale d'ouvrir le passage. Elle ne reconnoît plus la voix de son général; les cris, le tumulte, les menaces se font entendre sans interruption. Il y a déjà sept quarts-d'heure que le prince attendoit dans son carosse, la liberté de poursuivre sa route. M. de la Fayette se transporte au directoire et à la municipalité pour leur rendre compte de l'état des choses; il en reçoit l'ordre de faire ouvrir le passage au roi. Mais Louis XVI fatigué de tant d'outrages descendit de sa voiture, et céda aux vœux du peuple. (1) Y a-t-il dans toutes ces circonstances,

(1) Histoire de la Révolution, par des Amis de la Liberté, Tome VI.

rien qui annonce le projet de s'enfuir? Au contraire deux proclamations affichées par ordre du département, sur les événemens de ce jour, ne rouloient que sur les alarmes causées au peuple par les prêtres insermentés. Dans l'une le département invitoit les sections à délibérer non sur la fuite du roi, mais sur ces deux questions : *faut-il prier le roi d'exécuter son premier projet d'aller à Saint-Cloud, ou faut-il le remercier d'avoir préféré de rester à Paris, pour ne pas troubler la tranquillité publique?* Dans l'autre le département demandoit au roi d'éloigner de sa personne, les prêtres connus sous le nom de réfractaires. Qu'on lise encore *l'arrêté du club des Cordeliers sur la communion du roi, du dimanche 17 avril 1781, signé Vincent*, on se convaincra que l'insurrection parisienne n'eut d'autres motifs que ceux que nous avons assignés. Il est vrai que le peuple égaré par un numéro de l'orateur du peuple, par une affiche de Marat et par des observations de la société fraternelle, sur l'adresse présentée au roi par les administrateurs du département de Paris, crut le lendemain que le voyage de Saint-Cloud n'étoit que simulé, et que le véritable projet du roi étoit d'aller à Compiègne, et de-là s'enfuir hors du territoire français. Mais cette fable ridicule fut sur-le-champ désavouée par le roi. On placarda dans les rues les lignes suivantes. « Le roi a recommandé au directoire de veiller avec soin à la tranquillité publique ; il a ajouté que l'on avoit affiché aux portes de son palais, qu'il y avoit des relais établis sur la route de Saint-Cloud à Compiègne, pour favoriser son départ ; que cette assertion étoit de la plus insigne fausseté ; qu'il chargeoit le directoire non-seulement de détromper le public de cette imputation calomnieuse, mais même de découvrir s'il n'y avoit pas eu des projets criminels pour lui donner l'apparence de la réalité ». -- La société fraternelle, séante aux Jacobins et digne émule de ceux-ci, imprima en note dans son affiche du 21 » : Des laboureurs ont rencontré, le jour où le roi se proposoit de quitter Paris, trente-six chevaux tous équipés sous la conduite de six postillons vêtus de bleu, à deux lieues de la capitale, sur cette route ; ils ont vu le même jour et la veille, une quantité considérable de chevaux, également équipés, dans différens relais, et ont été instruits par d'autres, que toute la route étoit garnie. Les laboureurs ont été conduits au comité des recherches par un membre de la société fraternelle ».

C'est sans doute dans le cloaque impur de

cette société prétendue faternelle, que Lindet a puisé ses preuves, pour démontrer que dès le 18 avril le roi préparoit sa fuite ; mais pourquoi ne s'appuie-t-il pas des renseignemens que l'ancien comité des recherches est dans le cas de lui donner à cet égard ? Pourquoi ne nous présente-t-il pas les dépositions de ces laboureurs, et le résultat des enquêtes que nos ci-devant inquisiteurs ont dû faire sur cet objet; il n'y a donc rien qui vienne à l'appui de l'accusation, et la honte en demeure toute entière au calomniateur. — J'observe que la lettre écrite à l'évêque de Clermont n'a aucun caractère d'authenticité. Par cette lettre Louis XVI est dit demander à ce respectable prélat s'il peut en toute conscience faire ses pâques, après avoir approuvé la constitution civile du clergé, et la réponse de M. de Bonal qui est jointe à la lettre du roi, lui défend de les faire, en lui disant que telle est la décision des évêques les plus pieux et les plus recommandables par leurs lumières. Or, à qui fera-t-on croire que Louis XVI en qui on a toujours connu un grand zèle pour la religion, que Louis XVI qui a conservé autant qu'il a pu des aumôniers insermentés, que Louis XVI qui consulte exprès M. de Bonal le 16 d'avril, et qui en reçoit une réponse négative, aille communier le 17 ; c'est-à-dire le lendemain ? Lorsqu'on a présenté au roi cette lettre de M. de Bonal, il a dit ne pas la connoître. — J'observe que la lettre où M. Laporte rend compte d'une conversation qu'il a eue avec M. de Rivarol ne prouve absolument rien. Il est libre à un particulier d'écrire sur le compte d'un autre tout ce qu'il lui plaît ; de lui mettre dans la bouche des propos qu'il n'a jamais tenus. Ce ne sont pas des preuves semblables que la justice admet pour condamner les citoyens, autrement la vie de chaque individu seroit à la merci du premier calomniateur ; il faut des preuves positives ; il faut des preuves qui frappent d'une lumière si vive, qu'on ne puisse s'empêcher de reconnoître le coupable dans l'accusé. D'ailleurs que dit cette lettre ? Parle-t-elle d'un complot, d'une conjuration contre l'Etat ? On dit à Louis XVI que les millions qu'on l'a engagé à répandre n'ont rien produit ; que les affaires n'en vont que plus mal. Tel a toujours été le sort de Louis XVI, nous l'avons déjà remarqué ; il a placé son bonheur dès le commencement de son règne à soulager les malheureux, à combler de bienfaits cette classe de citoyens qu'il étoit plus à portée de connoître, et il n'a jamais fait que des ingrats. Jetez un coup-d'œil sur les premiers héros de la révolution, vous verrez la plupart de ceux pour lesquels ses trésors ont toujours été ouverts, l'abandonner cruellement, et se faire un jeu de ses dépouilles. Et telle est le naturel bienfaisant de ce bon roi, que malgré ce qu'il a eu à souffrir de tous ceux qu'il a secouru, il n'en a pas moins aimé depuis à faire le bien. *Le roi perd sa popularité*, dit encore Rivarol ; c'est-à-dire que Rivarol ne cachoit pas à Laporte que Louis XVI étoit moins aimé de son peuple, et on ne veut pas que Louis XVI cherchât à regagner cet amour qui lui étoit si cher ! Ah ! c'est-là son grand crime, je le sens bien. Vous aviez peur que l'amour du peuple ne retardât sa chûte, et tous vos moyens vous les avez employés pour lui aliéner tous les cœurs. — J'observe que la lettre de l'évêque d'Autun ne prouve absolument rien, et infirme en outre celles du même genre trouvées aux Tuileries. Le patriote Tallevrand a donné un démenti formel à la commission des vingt-un. Cette pièce est trop récente pour en parler.

§. VII.

La résistance des citoyens vous fit sentir que la défiance étoit grande : vous cherchâtes à la dissiper en communiquant à l'assemblée constituante une lettre que vous adressiez aux agens de la nation auprès des puissances étrangères, pour leur annoncer que vous aviez accepté librement les articles constitutionels qui vous avoient été présentés, et cependant le 21 vous preniez la fuite avec un faux passe-port; vous vous laissiez une déclaration contre les mêmes articles constitutionels; vous ordonniez aux ministres de ne signer aucun des actes émanés de l'assemblée nationale, et vous défendiez à celui de la justice de remettre les sceaux de l'État. L'argent du peuple étoit prodigué pour assurer le succès de cette trahison, et la force publique devoit la protéger sous les ordres de Bouillé, qui naguère avoit été chargé de diriger le massacre de Nancy, et à qui vous aviez écrit à ce sujet de soigner sa popularité, parce qu'elle vous seroit utile. Les faits sont prouvés par le mémoire du 23 février apostillé de votre main; par votre déclaration du 20 juin, toute entière de votre écriture; par votre lettre du 4 septembre 1790 à Bouillé; et par une note de celui-ci, dans laquelle il vous rend compte de l'emploi des 993,000 liv. données par vous et employées en partie à la corruption des troupes qui devoient vous escorter.

Réponse de Louis XVI.

Je n'ai aucune connoissance du mémoire du 23 février. Quant à ce qui est relatif à mon voyage de Varenne, je m'en réfère à ce que j'ai dit aux commissaires de l'assemblée constituante en ce tems-là.

OBSERVATIONS.

Lorsque le roi a écrit aux agens de la nation, auprès des puissances étrangères, pour leur annoncer qu'il avoit accepté librement les articles constitutionnels, il n'étoit que l'instrument passif que faisoient mouvoir à leur gré ceux même qui enchaînoient sa liberté. L'assemblée nationale, la France et l'Europe n'ont pas cru un seul instant que cet acte aussi étrange dans sa forme, que ridicule après les évènemens qui venoient de se passer, émanât directement du pouvoir exécutif. Le département, dans une adresse au roi, du jour même où il reçut les invectives d'une populace grossière, lui disoit pour toute consolation : « par une démarche franche et loyale, éloignez de vous les ennemis de la constitution, annoncez aux nations étrangères qu'il s'est fait une glorieuse révolution en France, que vous l'avez adoptée, et que vous êtes maintenant le roi d'un peuple libre, et chargez de cette instruction, d'un nouveau genre, des ministres qui ne soient pas indignes d'une si auguste fonction; que la nation apprenne que son roi s'est choisi, pour environner sa personne, les plus fermes appuis de la liberté; car aujourd'hui, il n'est pas d'autres véritables et utiles amis du roi. Sire, ne repoussez pas la démarche que fait auprès de vous le département de Paris; le conseil qu'il vous offre, vous seroit donné par les quatre-vingt-trois départemens du royaume, si tous étoient à portée de se faire entendre aussi promptement que nous ».

Cette adresse, qui semble avoir été dictée par les factieux du 18 avril, n'étoit-elle pas un ordre impérieux donné à Louis XVI ? Et vous croyez tout bonnement, et vous voulez faire croire que c'est Louis XVI qui a écrit de lui-même aux ambassadeurs cette lettre dont vous vous servez pour lui prouver qu'il a été et parjure et perfide ! tombe-t-il sous le sens commun que Louis XVI ait pu dire, sans y être forcé : *la nation souveraine n'a plus que des citoyens égaux en droits, plus de despotes que la loi, plus d'organes que des fonctionnaires publics, et le roi est le premier de ces fonctionnaires ! telle est la révolution française.* C'est-à-dire, que Louis XVI auroit signé volontairement qu'il a été un despote, mais qu'il est un simple fonctionnaire public. Non, jamais il n'eût fait ces aveux humilians, si la violence ne les lui eût arrachés. Le ministre des affaires étrangères ajoute dans cette dépêche : *c'est une calomnie atroce et absurde de dire que le roi n'est pas libre :* comment pouvez-vous vous persuader qu'on ait oublié les horribles journées du 5 et du 6 octobre 1789, dont l'assemblée nationale profita pour forcer l'acceptation des droits de l'homme et des premiers articles constitutionnels ? comment pouvez-vous oublier que tout le tems que Louis XVI a été roi par votre toute-puissance, le plus mince folliculaire a eu le droit de l'invectiver, et de provoquer l'assassinat contre sa personne sacrée et inviolable? comment pouvez-vous croire que le 23 avril 1791, cinq jours après avoir été exposé pendant près de deux heures aux huées et aux insultes d'une soldatesque et d'une populace en délire, après même être allé à l'assemblée nationale, dire inutilement: *qu'on l'avoit empêché de partir, qu'il persistoit dans son projet d'aller à Saint-Cloud, et qu'il étoit nécessaire, pour assurer la sanction des décrets, qu'on ne pût pas douter de sa liberté*; comment, dis-je, pouvez-vous croire que Louis XVI ait attesté à l'Europe, par l'organe de son ministre, que c'est une calomnie absurde de prétendre qu'il n'est pas libre? Tous ces délits sont bien constatés, et il est impossible d'élever le moindre doute à cet égard; aussi beaucoup de personnes ne regardèrent cette déclaration que comme un manifeste énergique et une protestation contre la violence qui la lui arrachoit. L'adresse du département que nous venons de rapporter, toutes les affiches, tous les journaux de ce temps-là attestent encore que le roi fut forcé dans cette lettre où il signoit sa dégradation; et que peut-on conclure d'une démarche où la liberté n'entre pour rien ? Louis XVI, trois jours aprè avoir vu sa demeure assiégée par une foule de brigands, et la reine obligée de se dérober par la fuite au fer des assassins ; trois jours après avoir été arraché de son palais par les meurtriers de ses serviteurs, et traduit dans la capitale, fit une proclamation semblable, pour annoncer aux provinces qu'il étoit venu librement à Paris. *Montezuma dans le camp de Cortez, écrivoit à ses sujets qu'il étoit libre, qu'il étoit au milieu de ses amis. Le prisonnier qui, pour faire tomber ses fers, signe son engagement, déclare aussi que cet engagement est volontaire* (1). Si Louis XVI en prenant la fuite a laissé une déclaration contre les articles constitutionnels, il n'a donc pas été parjure à ses sermens, car il n'y a pas de sermens obligatoires où il n'y a pas de liberté.

Cependant le 21 vous preniez la fuite avec un faux passeport. — Que faut-il accuser de la fuite du roi? La convention nationale, le département et la municipalité de Paris; ce sont eux qui ont dans mille circonstances soudoyé, protégé et toujours toléré les instigateurs et les écrivains infâmes qui accabloient journellement Louis XVI d'insultes et de menaces; ce sont

(1) Journal de l'abbé Royou, du 27 avril 1791.

eux qui ont toujours assuré l'amnistie aux rebelles et aux assassins ; ce sont eux qui ont toujours accueilli avec transport les pétitionnaires qui venoient demander successivement la suppression de quelque prérogative royale; ce sont eux qui ont toujours accordé une mention honorable aux adresses des différentes jacobinières de l'empire contre la royauté ; ce sont eux enfin auprès desquels on n'avoit de crédit qu'en raison de la haine qu'on portoit au représentant héréditaire de la nation. Voilà les hommes qui sont coupables de la fuite du roi. Lisez les feuilles dégoûtantes de Marat, de Martel, des Jacobins, de la société fraternelle et de toutes les associations meurtrières qui font de Paris une arêne où celui-là remporte la victoire, qui fronde le plus ouvertement les principes de la justice; lisez, dis-je, les feuilles qui précédèrent le voyage de Louis XVI à Varennes, et vous jugerez s'il ne devoit pas se croire réduit à cette fatale nécessité, je ne dis pas pour sauver sa couronne, mais pour sauver sa vie. L'orateur du peuple disoit dans un placard affiché à la porte même des tuileries. « Courage braves parisiens ! encore un pas, et la victoire est à vous ! Le roi fuyoit, et vous lui avez ordonné de rester dans la capitale. Le peuple a coupé les courroies de ses chevaux. Lafayette a vainement caracollé, péroré; grimaces qui ne prennent plus; il a été hué, Bailly de même; les grenadiers de service au château ont déclaré au général qu'ils s'opposoieut eux-mêmes au départ du roi; je vous reconnois, vous êtes dignes de vous-mêmes, intrépides et généreux citoyens. Eteignez, s'il le faut, dans le sang des rebelles, le flambeau de la guerre civile. Songez que si le roi quitte la France, il n'y a pas de doute qu'il ne soit déchu du trône et immolé lui et le dernier rejeton de sa race à la juste fureur d'une grande nation! Mais il vous en coûtera peut-être dix années de combats, et la perte de trois millions de vos concitoyens, avant de faire triompher votre liberté! Voilà l'affreuse image qui me poursuit! Trois millions de français égorgés!...... Grand Dieu!...... et pour la cause d'un individu tout au moins inutile, d'un *ogre royal* qui dévore au moins par année trente millions, et dont toute l'ambition est de garotter le reste du peuple, qui aura survécu aux effets de sa stupide et brutale fureur. --- Louis XVI, aujourd'hui encore roi des français!...... Arrête...... Où cours-tu, monarque abusé par des conseils perfides?

Tu crois affermir ton trône, et il va s'abymer sous tes pas ! ect. Ne savons-nous pas que la bouche des rois fut toujours l'antre du mensonge ! er une furie te pousse dans le précipice ! Elle t'a inoculé sa rage contre les français. Elle a lancé dans ton sein les couleuvres qui forment sa chevelure ! Tu pars, et dans quelles circonstances ? quand des prêtres réfractaires, profitant de cette quinzaine consacrée aux devoirs de la religion, alarment les consciences timorées, enflamment l'imagination ardente et superstitieuse d'un sexe crédule, distribuent de la main des *agnus*, des chapelets, des bénédictic et des poignards ! etc. Vois vingt-cinq millions d'hommes, vois ton souverain t'écraser d'un coup-d'œil ? Tu t'y prends trop tard ! Nous avons goûté les charmes de la liberté ! Plutôt mourir que de redevenir esclaves ! Tu comptes sur des légions de mécontens, mais une belle nuit nous ferons pleuvoir leurs têtes dans ton camp. Tu comptes sur les bottes du général Bender, mais nous n'y croyons pas plus qu'à celles du petit Poucet, qui faisoient sept lieues en une heure. De quel front oseras-tu fausser tes sermens ? etc. Tu as dissimulé pendant quelque temps ; mais nous te connoissons enfin, grand restaurateur de la liberté française! Si ton masque tombe aujourd'hui, demain ce sera ta couronne. etc. etc. N'as-tu pas communié hier des mains d'un prélat impudent, du grand aumônier qui n'a pas prêté son serment ? Ce n'est point un Dieu sous l'espèce du pain que tu as reçu de ses mains profanes, c'est la pâte de la guerre civile qu'il a jeté dans ta bouche parjure ».

« La nation, dit Marat, dans une adresse à Louis XVI, prend acte aujourd'hui de vos protestations, pour juger de votre bonne-foi, de la sincérité de vos sermens, par le zèle que vous déploierez pour assurer le châtiment des prélats qui oseroient encore se montrer rebelles aux décrets que vous venez d'accepter, qui oseroient encore refuser ou violer le serment civique que l'on doit exiger d'eux. Si un seul échappoit, par votre négligence, à le faire arrêter, et à le livrer aux tribunaux, vous passeriez, sire, pour un ennemi de la liberté publique, pour un perfide conspirateur, pour le plus lâche des parjures, pour un prince sans honneur, sans pudeur, pour le dernier des hommes ».

J'avois horreur de souiller ce mémoire d'invectives aussi atroces, et ce n'est qu'en tremblant que ma main a pu les transcrire. Mais il le falloit, afin que l'Europe, qui nous jugera, eût une idée des écrits scandaleux qui furent vendus et distribués sous les yeux des corps administratifs et de l'assemblée nationale, le 18 et le 19 avril 1791. Encore les phrases qu'on vient de lire n'approchent pas de la férocité et de la scélératesse personnifiées, pour ainsi dire dans les milliers de pamphlets qui nous inondent chaque jour. Et on veut qu'au milieu du silence de toutes les autorités constituées, qu'au milieu de l'anéantissement de la force publique, qu'au milieu d'une populace sans cesse révoltée, Louis XVI, éprouvant des humiliations de tout genre, n'ait pas cherché à rompre ses fers ? Il l'a fait, et vous osez lui en faire un crime, quand c'est votre ouvrage ? N'arrivera-t-il donc jamais ce tems où, rentrés dans les bornes que prescrit la raison, ne dédaignant plus la sagesse et l'expérience des siècles, ayant secoué le joug d'un fanatisme bien plus terrible dans ses conséquences que le fanatisme religieux, les français examineront avec l'impassibilité que doivent avoir des juges sévères et éclairés, qui de Louis XVI ou de nos deux assemblées nationales, nous a précipités dans l'abyme de malheur où nous nous agitons sans cesse pour en resserrer les chaînes au lieu de les briser ? Il est permis de devancer ce jugement et de parler à l'assemblée nationale,

nale, comme lui parleront nos neveux, s'ils ont le bonheur de ne pas suivre les traces dangereuses de leurs pères, sur-tout, lorsqu'étranger à toutes les factions, lorsque dévoré du zèle de servir sa patrie adoptive, lorsque passionné pour la liberté, parce qu'elle est la source de tous les biens, comme sa privation est l'origine de tous les malheurs, on a médité dans la retraite sur les causes qui en avoient développé le germe en France, et sur celles qui l'ont étouffé dès qu'il a paru. La postérité dira à Louis XVI : nous reconnoissons en vous un prince ami de l'humanité ; vous avez été bon époux, bon père, ami fidèle, religieux sans superstition, plein de respect pour la foi publique, et la portion la plus souffrante du peuple a trouvé dans vous un bienfaiteur éclairé. Aucun de vos prédécesseurs n'a eu plus de droits à sa reconnoissance. Eh ! quel bienfait égale celui d'avoir arraché le cultivateur à la glèbe, et aboli la corvée, ce fléau des campagnes ! La torture supprimée, les hôpitaux et les prisons devenus des asyles consolans pour la misère ou pour l'erreur, les avantages de l'ordre social accordés à des citoyens persécutés pendant plusieurs règnes ; la marine tirée de l'anéantissement, la liberté rendue au Nouveau-Monde, que falloit-il de plus pour mériter l'amour des français, et être placé par l'histoire à côté du petit nombre de princes qui ont fait le bonheur du monde? Des taches légères déparent, il est vrai, ce tableau séduisant. Eh! quel est le mortel, si parfait qu'il soit, qui ne se rapproche point par quelque foiblesse de la nature humaine? On s'est plaint de votre caractère facile qui vous a rendu la dupe des intrigues et des passions dont vous étiez environné; on s'est plaint d'un attachement trop aveugle pour une femme d'une grandeur d'ame étonnante et d'un génie rare, mais dont les prodigalités lui ont aliéné presque tous les esprits; on s'est plaint d'une succession trop fréquente dans les places du ministère, succession qui entravoit sans cesse la marche du corps politique; on s'est plaint de votre passion pour un amusement noble à la vérité, mais qui faisoit croire en vous trop d'indifférence pour les affaires de l'état; on s'est plaint, mais c'est à tort, d'un défaut bien plus funeste, parce qu'il dégrade l'homme en le privant de l'usage de sa raison. Tels sont les reproches qne nous sommes en droit de vous faire; mais vous n'en êtes pas moins un prince cher à tous les cœurs; et si des regrets viennent nous affliger lorsque nous retraçons le tableau de votre règne, c'est le souvenir de l'ingratitude de nos pères qui n'ont pas senti tout ce que vous valiez, tout ce que vous aviez fait pour eux; c'est le cours de tant de prospérités suspendu par une révolution qui devoit établir le bonheur public sur des bases solides. — Voilà le langage que la postérité tiendra sans doute à Louis XVI; car je ne crois m'être éloigné de la vérité, ni en peignant ses vertus, ni en peignant ses défauts. La vérité! je la dirai dans tous les tems aux rois comme aux peuples, et mes lèvres ne seront jamais souillées par de vils éloges que mon cœur désavoueroit.

Que dira maintenant la postérité aux représentans de la nation? — Un prince éclairé, sensible et vertueux vous avoit convoqué pour travailler avec lui à la suppression des abus, sous lesquels se brisoient ses efforts pour faire le bien, et votre orgueil n'a pu souffrir qu'il coopérât à vos travaux. Il est venu souvent au milieu de vous pour vous parler avec franchise, et vous n'avez cessé de tendre des pièges à sa bonne-foi. Il a posé les premières bases de la liberté nationale, et vous le tenez en captivité. C'est à lui seul que vous devez votre existence politique, et vous avez travaillé sans cesse à anéantir la sienne. Il a défendu pendant tout son règne les intérêts du peuple, et il est réduit à plaider pour sa vie devant ce même peuple...... Quelle alternative cruelle! quelle vicissitude dans la fortune! quelle perversité dans l'homme! Accabler d'outrages, avilir, calomnier, enchaîner!...... faire périr!..... qui? le meilleur des princes...... Louis XVI...... lui qui plaçoit son bonheur dans celui de ses sujets!...... Ah! oui, il vouloit leur bonheur; et si, dans sa prison, il reçoit quelque consolation; elle vient, je le jure, de l'espérance vaine, il faut l'avouer; mais saisie avidement par son cœur, que tant de souffrances pourront être utiles au salut du peuple. — La postérité dira encore aux représentans de la nation: vous aviez les plus terribles obstacles à vaincre pour établir le règne des loix; vous les avez tous surmontés avec audace; mais alors, au lieu de vous servir de l'opinion publique qui vous entouroit, pour accorder les espérances du peuple avec les droits les plus rigoureux de la justice, vous ne l'avez employée que pour dissoudre l'ancien gouvernement, dont l'existence avoit été si florissante depuis des siècles, et voler la propriété des villes, des corporations et de la majeure partie des citoyens. Entourés de décombres qui attestent la barbarie de Vandales;

siégeans, pour ainsi dire, sur des co s morts, dont les cendres crient vengeance; plus terribles dans votre haine qu'un Caligula et qu'un Néron, dites-moi, qu'avez-vous fait pour le bonheur public? Vous deviez assurer la liberté civile et personnelle, et vous avez introduit une licence effrénée; et jamais sous le ministère même des ministres les plus despotes, on n'a lancé tant de *lettres-de-cachet*, car sont-elles autre chose que des lettres-de-cachet, ces arrestations nocturnes ordonnées dans la capitale, par cent comités qui s'en arrogent le droit, et que la moindre opinion effarouche? je parierois qu'en supputant les ordres arbitraires donnés pendant tout le temps que la bastille a existé, on n'en trouveroit pas autant qu'il y en a eu à Paris, pendant un mois. Si c'est-là établir la liberté, je vous avoue franchement que l'esclavage où nous vivions valoit un peu mieux; et si cette vérité dite crûment est dans le cas de vous blesser, je vous dirai, comme dit un philosophe à Denis-le-Tyran: *qu'on me ramène aux carrières.* — La postérité dira encore aux représentans de la nation: vous deviez limiter les différens pouvoirs, et vous les avez tous confondus; vous deviez réparer le délabrement des finances, et vous l'avez empiré; vous deviez soulager le peuple, et vous lui avez préparé une aggravation de charges; vous deviez en un mot étendre vos bienfaits sur tout l'Empire, et une misère générale n'atteste que trop l'état de souffrance où se trouvent tous les individus. — Je ne pousserai pas plus loin cet examen. — Après l'avoir lu, on ne manquera pas de dire que je suis un aristocrate forcené, un fauteur de la tyrannie; on se trompera grandement; je suis passionné pour la liberté; j'ai écrit pour elle, lorsqu'il y avoit quelque danger de le faire; j'écrirai de même contre l'anarchie tant qu'elle existera, et je poursuivrai jusqu'à la mort le despotisme de la multitude, comme j'ai poursuivi le despotisme des ministres. Je déclare que je suis plein de respect pour la convention nationale; elle est investie des pouvoirs du peuple, et il faut attendre tranquillement l'organisation de la république qu'elle veut établir. Les fautes dont j'ai parlé ne sont pas les siennes, et il y auroit de l'injustice à la rendre responsable des erreurs des deux assemblées qui l'ont précédée. Les massacres affreux qui ont fait de la capitale un séjour aussi redoutable qu'il étoit attrayant, ont eu lieu sous l'assemblée législative; mais depuis il n'y a point eu le moindre soulèvement, et aucun ordre arbitraire n'est venu à ma connoissance. La tyrannie du conseil général de la commune, elle l'a brisée, et les prisons sont soumises à un examen sévère. Puisse ce nouvel ordre de choses se consolider! puisse-t-il assurer le bonheur des français! puisse-t-il être une compensation pleine et entière des calamités qui nous affligent depuis quatre ans! Faisons-lui le sacrifice de nos préjugés, parce qu'un effort général et commun est absolument nécessaire pour obtenir un succès véritable; parce que les vengeances de nos ennemis seroient terribles si nous venions à succomber; parce que, pour changer une troisième fois de gouvernement, il en coûteroit peut-être encore plus de sang qu'il n'en a coulé depuis le commencement de nos révolutions J'ai peint nos malheurs comme je les ai sentis; j'ai parlé de Louis XVI, comme ses vertus m'ont obligé de le faire. En prouvant que sa fuite à Varennes avoit été occasionnée par les égaremens de la première assemblée nationale, j'ai prouvé qu'on ne devoit pas lui en faire un crime; je vais démontrer à présent, qu'on a eu tort de l'appeler une trahison.

Louis XVI, loin d'avoir trahi la chose publique, a voulu la servir. Que demandoit-il dans son manifeste? car c'est-là qu'il faut aller chercher des preuves de ses intentions perverses, et il faut en fournir d'irrécusables, si vous voulez être crus ; autrement, on regardera comme une infâme calomnie, un crime qui est en opposition avec la droiture et la pureté du cœur de l'accusé. Louis XVI disoit : « tant que le roi a pu espérer voir renaître l'ordre et le bonheur du royaume, par les moyens employés par l'assemblée nationale et par sa résidence auprès de cette assemblée dans la capitale du royaume, aucun sacrifice personnel ne lui a coûté ; il n'auroit pas même argué de la nullité dont le défaut absolu de liberté entache toutes les démarches qu'il a faites depuis le mois d'octobre 1789, si cet espoir eût été rempli ; mais aujourd'hui que la seule récompense de tant de sacrifices est de voir la destruction de la royauté, de voir tous les pouvoirs méconnus, les propriétés violées, la sûreté des personnes mise par-tout en danger, les crimes rester impunis, et une anarchie complette s'établir au-dessus des loix, sans que l'apparence d'autorité que lui donne la nouvelle constitution soit suffisante pour réparer un seul des maux qui affligent le royaume : le roi, après avoir solemnellement protesté contre tous les actes émanés de lui pendant sa captivité, croit devoir mettre sous les yeux des français et de tout l'univers, le tableau de sa conduite, et celui du gouvernement qui s'est établi dans le royaume ». Ici, Louis XVI rappelle les premiers évènemens de la révolution ; il passe ensuite en revue les nouvelles loix créées pour rendre la justice, pour administrer l'intérieur de l'état, pour régler les affaires étrangères ; il jette ensuite un coup-d'œil sur les finances et sur les prérogatives qu'on lui avoit accordées, et conclut que le bonheur du peuple ne peut résulter de cette forme de gouvernement. » 1°. L'assemblée, dit-il, par le moyen de ses comités, excède à tout moment les bornes qu'elle s'est prescrite. Elle s'occupe d'affaires qui tiennent uniquement à l'administration intérieure du royaume et à celle de la justice, et cumule ainsi tous les pouvoirs. Elle exerce même par son comité des recherches, un véritable despotisme plus barbare et plus insupportable qu'aucun de ceux dont l'histoire ait jamais fait mention. 2°. Il s'est établi dans presque toutes les villes, et même dans plusieurs bourgs et villages du royaume, des associations connues sous le nom des amis de la constitution ; contre la teneur des décrets, elles n'en souffrent aucune autre qui ne soit pas affiliée avec elle ; ce qui forme une immense corporation plus-

dangéreuse qu'aucune de celles qui existoient auparavant, sans y être autorisées, mais même au mépris de tous les décrets ; elles délibèrent sur toutes les parties du gouvernement, correspondent entr'elles sur tous les objets, font et reçoivent des dénonciations, affichent des arrêtés et ont pris une telle prépondérance, que tous les corps administratifs et judiciaires, sans en excepter l'assemblée nationale elle-même, obéissent presqu'à leurs ordres. — Le roi ne pense pas qu'il soit possible de gouverner un royaume d'une si grande étendue et d'une si grande importance que la France, par les moyens établis par l'assemblée nationale, tels qu'ils existent à présent. Sa majesté, en accordant à tous les décrets indistinctement une sanction qu'elle savoit bien ne pas pouvoir refuser, y a été déterminée par le desir d'éviter toute discussion que l'expérience lui avoit appris être au moins inutile ; elle craignoit de plus qu'on ne pensât qu'elle voulût retarder ou faire manquer les travaux de l'assemblée nationale, à laquelle la nation prenoit un si grand intérêt ; elle mettoit sa confiance dans les gens sages de cette assemblée qui reconnoissent qu'il est plus aisé de détruire un gouvernement, que d'en reconstruire un sur des bases toutes différentes. Ils avoient plusieurs fois senti la nécessité, lors de la révision annoncée des décrets, de donner une force d'action et de réaction nécessaire à tout gouvernement ; ils reconnoissent aussi l'utilité d'inspirer pour ce gouvernement et pour les loix qui doivent assurer la prospérité et l'état de chacun, une confiance telle qu'elle ramenât dans le royaume tous les citoyens que le mécontentement dans quelques-uns, et dans la plupart la crainte pour leur vie et pour leurs propriétés, ont forcé de s'expatrier. — Mais, plus on voit l'assemblée nationale s'approcher du terme de ses travaux, plus on voit les gens sages perdre leur crédit ; plus les dispositions qui ne peuvent mettre que de la difficulté, et même de l'impossibilité dans la conduite du gouvernement, et inspirer pour lui de la méfiance et de la fureur, augmentent tous les jours. Les autres réglemens, au lieu de jeter un baume salutaire sur les plaies qui saignent encore dans plusieurs provinces, ne font qu'accroître les inquiétudes et aigrir les mécontentemens. L'esprit des clubs domine et envahit tout ; les mille journaux et pamphlets calomniateurs, incendiaires, qui se répandent journellement, ne sont que leurs echos, et préparent les esprits de la manière dont ils veulent les conduire. Jamais l'assemblée nationale n'a osé remédier à cette licence, bien éloignée d'une vraie liberté ; elle a perdu son crédit, et même la force dont elle auroit besoin pour revenir sur ses pas et changer ce qui lui paroîtroit bon à être corrigé. On voit par l'esprit qui règne dans les clubs, et la manière dont ils s'emparent des nouvelles assemblées primaires, ce qu'on doit attendre d'eux ; et s'ils laissent appercevoir quelques dispositions à revenir sur quelque chose, c'est pour détruire les restes de la royauté, et établir un gouvernement métaphysique et philosophique, impossible dans son exécution. — Français, est-ce-là ce que vous entendiez, en envoyant des représentans à l'assemblée nationale, désiriez-vous que l'anarchie et le despotisme des clubs remplaçassent le gouvernement monarchique, sous lequel la nation a prospéré pendant quatorze cents ans ? Désiriez-vous voir votre roi comblé d'outrages, et privé de sa liberté, pendant qu'il ne s'occupoit qu'à établir la vôtre, etc. etc. etc. D'après tous ces motifs et l'impossibilité où le roi se trouve d'opérer le bien et d'empêcher le mal qui se commet, est-il étonnant que le roi ait cherché à recouvrer sa liberté et à se mettre en sûreté avec sa famille ? — Français, et vous surtout Parisiens, vous habitans d'une ville que les ancêtres de sa majesté se plaisoient à appeler la bonne ville de Paris, méfiez-vous des suggestions et des mensonges de vos faux amis; revenez à votre roi, il sera toujours votre père, votre meilleur ami : quel plaisir n'aura-t-il pas à oublier toutes ses injures personnelles, et de se voir au milieu de vous, lorsqu'une constitution qu'il aura accepté librement fera que notre sainte religion sera respectée, que le gouvernement sera établi sur un pied stable, et que par son action les biens et l'état de chacun ne seront plus troublés, que les loix ne seront plus enfreintes impunément, et qu'enfin la liberté sera posée sur des bases fermes et inébranlables ».

Telle fut la déclaration de Louis XVI lorsqu'il quitta Paris le 21 juin avec sa famille. J'en ai rapporté une grande partie, parce que dans les provinces elle fut très-peu connue; parce qu'il est nécessaire de mettre tout le monde à portée de juger les délits qu'on lui impute. — A son langage simple et affectueux ne reconnoît-on pas un bon prince? et peut-on conclure de sa retraite qu'il vouloit trahir la cause commune? Il vouloit une autre constitution, parce qu'il reconnoissoit, comme vous l'avez reconnu depuis, que le nouvel ordre de choses écartoit pour le peuple tout espoir de bien-être. Et de quel droit le blâmez-vous d'avoir protesté contre des loix sans unité et sans accord, présentées pièce à pièce à son acceptation forcée, tandis que vous-mêmes vous vous êtes enorgueillis d'avoir miné ces mêmes loix dont vous aviez juré solemnellement le maintien, dont vous étiez même les auteurs, et que vous aviez recommandées si pieusement *à la vigilance des pères de famille, aux épouses, aux mères, à l'affection des jeunes citoyens, au courage de tous les français.* N'ayez donc pas deux poids et deux mesures; et si votre délicatesse ne répugne point de créer des délits pour persécuter l'innocence, ayez du moins la pudeur de ne pas travestir en crimes pour un roi, ce que vous réputez à éloge pour vous et pour vos partisans. D'ailleurs qu'a fait Louis XVI en protestant? A-t-il appelé des armées étrangères pour l'aider à reconquérir son royaume? A-t-il combiné l'asservissement de ses sujets? Non. Il a reconnu de nouveau la souveraineté de la nation; c'est au peuple qu'il en a appelé.

Il se présente encore une réflexion sur cette protestation qui sert de base à l'article VII de l'acte d'accusation. L'assemblée constituante avoit ôté au roi tout moyen de lui faire connoître ses opinions personnelles; elle exigeoit de lui que ses lettres particulières fussent soumises au contre-seing et à la responsabilité d'un ministre. Par-là point de communication franche avec l'assemblée, puisque si les ministres supposoient la volonté du roi désagréable aux représentans de la nation, comme ils étoient responsables de cette volonté, ils se refusoient alors de la leur transmettre. Dès ce moment les opinions personnelles du roi ont donc pu être en opposition avec celles de son conseil, sans qu'il lui fût possible de les faire parvenir au corps législatif. Ainsi, forcé dans son acceptation des décrets par le vœu des ministres, il a pu protester sans qu'on soit en droit de l'accuser d'être parjure.

Je ne dirai rien sur le départ du roi, considéré isolément. Ce n'est point un délit, parce que tout délit suppose une loi, et la loi se tait sur une action de cette nature, et le décret de l'assemblée constituante est d'accord avec ce principe.— *L'argent du peuple étoit prodigué pour assurer le succès de cette trahison.* Louis XVI étant justifié, comme je crois l'avoir fait, sur la fuite de Paris; il l'est par-là même d'avoir employé de l'argent pour la favoriser. Mais je remarquerai, comme je l'ai déjà fait plusieurs fois, avec quelle astuce, quelle méchanceté, le rapporteur a rédigé l'acte d'accusation. Il met toujours la volonté du roi en opposition avec le bonheur du peuple. Est-ce que Louis XVI a jamais eu d'autres sollicitudes que celles d'un bon père pour ses enfans ? est-ce que son caractère moral s'est démenti pendant tout le temps qu'il a régné ? Vous venez de lire la déclaration qu'il adressa, en partant, à tous les français; ne respire-t-elle pas l'amour le plus ardent pour eux; et celle qu'il fit aux commissaires de l'assemblée, six jours après, annonce-t-elle des intentions différentes? *L'argent du peuple étoit prodigué.* Louis XVI a-t-il été puiser dans la trésorerie nationale? a-t-il employé des sommes dont il ne fût pas le maître de disposer? est-ce que sa liste civile, contre laquelle vous vous êtes récriés perpétuellement, n'étoit pas une compensation des domaines de ses ancêtres que vous lui avez enlevés? Y a-t-il des décrets qui en limitassent l'usage? et le roi ne pouvoit-il jouir du droit d'un simple particulier, d'employer ses trésors comme il le vouloit? En vérité, on ne croira pas qu'au sein même de la convention nationale, et au nom d'un comité composé de vingt-un législateurs, des mensonges aussi impudens

dens aient pu être proférés, et cela pour provoquer un assassinat abominable !

Tant de fiel entre-t-il dans l'ame des dévots !

Vous ordonniez aux ministres de ne signer aucun des actes émanés de l'assemblée nationale, et vous défendiez à celui de la justice de remettre les sceaux de l'état.

Si la loi n'avoit pas donné au monarque seul le privilège de l'acceptation des loix, si les ministres pouvoient les expédier sans que le monarque les eût acceptées, vous auriez raison de faire un grief de cette défense de Louis XVI à ses ministres ; mais comme la loi avoit établi le contraire, dites-moi, qu'avez-vous à répondre ? *Bouillé qui naguère avoit été chargé de diriger le massacre de Nancy.*

On voit bien, M. Lindet, sur qui se porte votre compassion. La brillante fête, en l'honneur des soldats de Châteaux-Vieux qui avoient mis la ville de Nancy dans les dangers les plus imminens, qui avoient pillé la caisse militaire, qui s'étoient révoltés contre les ordres du roi et de l'assemblée, vous a tout-à-fait prévenu en leur faveur. Ce n'est pas du massacre des gardes nationales dont vous voulez sans doute parler ; Bouillé étoit à leur tête, et s'il eût eu des intentions perfides, il pouvoit en être le premier la victime. C'est ce brave régiment sur le sort duquel vous vous appitoyez.

Le corps législatif avoit cependant décrété, d'une voix unanime, que le roi prendroit les mesures les plus efficaces, pour que force restât à la justice, et que les coupables de la garnison de Nancy fussent punis sévérement, parce que le corps législatif reconnoissoit alors que le respect pour la loi et la soumission qu'elle commande aux ordres du chef suprême de l'armée, ainsi que des officiers, et aux règles de la discipline militaire, sont les caractères essentiels comme les premiers devoirs des soldats-citoyens, et que ceux qui s'écartent de ces devoirs, au préjudice de leur serment, sont des ennemis publics, dont la licence menace ouvertement la liberté et la constitution (1).

Le corps législatif avoit cependant voté des remercîmens à M. de Bouillé ; mais tout cela vous est égal ; vous ne voyez dans les soldats de Châteaux-vieux, qui ont massacré de braves gardes nationales, que de fort bons patriotes, et dans les gardes nationales, que de mauvais

---

(1) *Voyez* le décret du 16 août 1790.

citoyens, que des aristocrates qui ont voulu faire exécuter les loix, et ne pas se laisser immoler impunément. Le roi, d'accord avec la nation, écrivit à M. de Bouillé une lettre où il louoit sa conduite; dites-moi, je vous prie, où est la faute dans cette démarche? si elle est criminelle; faites donc aussi le procès à l'assemblée constituante. Louis XVI invitoit M. de Bouillé à soigner *sa popularité, parce qu'elle lui seroit utile.*

J'ai déjà dit un mot de ce reproche de popularité, et je sens bien qu'il est impardonnable auprès de ceux qui ont travaillé sans cesse à *dépopulariser* le roi. Mais s'il est prouvé que Louis XVI, en cherchant à capter la bienveillance du peuple, vouloit l'accoutumer insensiblement à respecter son représentant héréditaire, afin que les loix dont il étoit chargé de l'exécution, éprouvassent moins d'obstacles, Louis XVI est disculpé: d'ailleurs, et j'en reviens toujours à cette observation, je ne conçois pas comment des juges, lorsqu'il se présente des inductions favorables à un accusé, analogues à ses principes, à son caractère connu, osent les rejeter, pour s'attacher à des conjectures odieuses et dénuées de vraisemblance. Au reste, je ne devrois pas m'en étonner, connoissant le délire universel qui règne dans l'assemblée nationale. On en a vu des preuves frappantes dans les passages que j'ai extrait des discours sur la grande affaire qui l'occupe (1). Mais je ne me serois jamais attendu qu'après l'éloquent plaidoyer de M. de Seze, qui justifie complétement le roi, on auroit osé dire, dans la convention même, que les formes avoient été assez suivies, et qu'il n'y avoit qu'à en venir aux voix pour prononcer...... Quoi !...... un assasinat juridique! On a osé dire qu'en condamnant Louis XVI à perdre la vie, la convention s'honoreroit aux yeux de toute la terre. Je crois que dans aucune circonstance on n'a pu s'honorer de faire périr un innocent ; et avez-vous les preuves que Louis XVI ne le soit pas ? après une simple lecture de sa défense faite à la barre de l'assemblée, pouvez-vous prendre sur vous-mêmes de décider sa mort? avez-vous comparé ses moyens, discuté ses griefs ? vous êtes-vous mis par une profonde méditation, par le dépouillement de tout intérêt personnel, dans l'heureuse impuissance de voter contre la vérité? Consultez votre conscience, n'étouffez point sa voix, et elle vous

(1) *Voyez* ci-devant, pag. 20.

avertira que vous devez vous méfier de vous mêmes, parce que vous êtes entourés de mille passions diverses, parce que vous êtes juges et parties dans cette cause ; elle vous avertira qu'il vaut beaucoup mieux qu'un coupable se sauve, que si un innocent périssoit ; elle vous avertira que les actions de Louis XVI et les loix protectrices de la vie des citoyens, réclament contre la peine que vous voulez lui infliger ; elle vous avertira qu'on doit avoir égard aux pièges, aux séductions de tout genre, auxquels un prince est exposé ; elle vous avertira que le jour où un homme périt d'une mort violente, sans que les crimes dont on l'accuse, soient évidemment prouvés, est un jour de deuil pour la nature entière. A présent, regardez qu'elle est votre position, regardez si vous n'êtes pas animés par une partialité révoltante.

A peine la motion de Lequinio a-t-elle été faite, qu'un membre de votre assemblée a donné aux tribunes le signal des applaudissemens ; elles n'y ont pas manqué, et un tumulte affreux, mais approbateur, s'est fait entendre. Se peut-il que vous soyez si avides de sang ? Se peut-il qu'une proposition de mort excite parmi vous une joie féroce, une joie que Cromwel même ne fit pas éclater ! la France honorée par un meurtre ! Ah ! M. Lequinio, pouvez-vous ainsi vous jouer de l'honneur français ! vous avez fait un livre sur les *préjugés détruits*. L'honneur, vous le placez sans doute au nombre de ces préjugés ; il est tout naturel qu'on se console d'un bien qu'on n'a pas. Le renard qui avoit perdu sa queue, conseilloit aux autres renards de s'en défaire, comme d'une chose inutile et incommode.

Je ne peux encore retenir mon indignation lorsque j'entends Saint-Just dire que la justice, le bien public et la liberté de la nation commandent impérieusement la mort du roi. La justice ne commande jamais de tuer un homme qui n'est pas démontré coupable ; la liberté ne tient pas à la mort d'un homme qui en a jeté le premier les fondemens, et qui se trouve dans l'impossibilité même de lui nuire, quand il en auroit la volonté ; le bonheur public ne se cimente pas par des forfaits.

Ces opinions, qui portent atteinte aux premiers principes de la morale, qui sont destructives de toute société, circulent dans Paris avec une activité vraiment effrayante. La section du théâtre français, dite de Marseille, deux jours avant que Louis XVI eût publié sa défense, fit le serment, dont voici la formule mot pour mot : *nous le jurons, par les droits du peuple, par le souvenir des victimes du 10 août, par le besoin d'être libres, Louis périra, ou aucun républicain ne lui survivra.* C'est-à-dire, que sans connoissance de cause, sans instruction préalable, (car un procès n'est pas instruit, tant que l'accusé n'a pas été entendu,) on arrête la mort d'un homme! Des sociétés populaires ont même envoyé des femmes faire une pétition semblable à la convention nationale. On a fait plus, dans une section de Paris que je ne veux pas nommer, après avoir arrêtés qu'on demanderoit aux représentans de la nation la mort de Louis XVI, on a présenté la délibération à signer à tous les citoyens présens. Le président s'apperçoit que quelques-uns saisis d'horreur, cherchent à s'en aller !

Je vois bien, dit-il alors, *ceux qui refusent de donner leur signature; on va les noter, et on pourra les retrouver un jour.* Je m'abstiens de toute réflexion sur ce fait qui n'est que trop avéré; en voici un autre qui fait frémir. Un club très-connu, ce n'est pas celui des jacobins, a arrêté que *si la convention ne prononçoit pas la mort du ci-devant roi, il se met-*

troit avec tout Paris en état d'insurrection. Quand on raisonne ainsi, il est inutile de recourir aux principes de la justice ; ce ne sont pas des abstractions métaphysiques qui peuvent rendre la raison à des esprits égarés volontairement. Il faut des moyens un peu plus persuasifs. Au reste, on remarquera que le ministre de l'intérieur et celui de la justice se taisent sur ces délits. Certains membres de la convention les voient même avec plaisir, et ne craignent pas de les provoquer.

C'est ainsi que Cromwel se faisoit présenter des requêtes par tous les régimens de son armée, pour qu'on fit le procès à Charles I. Je reviens à ce que j'ai dit tout à l'heure, que la liberté n'a rien à craindre de Louis XVI ; et d'abord, un peuple est libre dès qu'il le veut ; tous les tyrans se réuniroient pour l'opprimer, leurs efforts seroient superflus: Regardez les suisses ; pendant combien de siècles ont-ils lutté avec avantage contre leurs anciens oppresseurs ? et ne sont-ils pas toujours sortis victorieux des attaques que leur livroit le despotisme ? — Mais Louis XVI, rendu à lui-même, pourra inquiéter notre liberté. — 1°. On peut assurer, d'après le caractère connu de Louis XVI, qu'il préférera une vie retirée, à une vie turbulente. Infligez-lui, d'ailleurs, une peine, si, peu content du titre glorieux de citoyen, il cherchoit à s'élever sur les débris de sa grandeur passée. 2°. Croyez-vous qu'en quittant le sol de la république, pour aller s'entourer de forces menaçantes, il réuniroit plus de soldats que Brunswick et le roi de Prusse n'en avoient à leur suite? croyez-vous qu'il aideroit leurs succès? 3°. Si vous le faites périr, ne reste-t-il pas aux nombreux amis de la royauté, des princes qui leur serviront de ralliement? pesez donc ces considérations politiques, et celles que présente la justice en faveur de Louis XVI, vous touchent peu, et n'ayez pas du moins le regret d'avoir commis un crime inutile.

Vainement vous jetteriez un voile de terreur sur vos délibérations, il se trouvera toujours des écrivains généreux et hardis qui transmettront à la postérité les vrais motifs qui les auront dirigées.

§. VIII.

Après votre arrestation à Varennes, l'exercice du pouvoir exécutif fut un moment suspendu dans vos mains, et vous conspirâtes encore. Le 17 juillet le sang des citoyens fut versé au Champ-de-Mars. Une lettre de votre main, écrit en 1790 à Lafayette, prouve qu'il existoit une coalition criminelle entre vous et Lafayette, à laquelle Mirabeau avoit accédé. La division commença sous ces auspices cruels; tous les genres de corruption furent employés. Vous avez payé des libelles, des pamphlets, des journaux, destinés à pervertir l'opinion publique, à discréditer les assignats et à soutenir la cause des émigrés. Les registres de Septeuil indiquent que les sommes énormes ont été employées à ces manœuvres liberticides.

Réponse de Louis XVI.

Ce qui s'est passé le 17 juillet ne peut aucunement me regarder; pour le reste, je n'en ai aucune connoissance.

OBSERVATIONS.

M. Lindet auroit dû donner des preuves de ce qu'il avance fort gratuitement, que Louis XVI, du fond des tuileries, où il ne communiquoit avec personne, avoit cependant trouvé le moyen de conspirer encore. Voyons d'abord ce qui se passa au champ-de-mars, et nous discuterons ensuite les différentes parties de ce huitième chef d'accusation.

La société des jacobins, qui travailloit depuis long-temps à faire de la France une république, crut le moment où l'assemblée constituante venoit de prononcer sur le sort de Louis XVI, après son retour de Varenne, favorable à ses projets. Brissot rédigea une pétition par laquelle les signataires fesoient le serment de ne reconnoître jamais Louis XVI pour leur roi.

« Une foule de brigands et de gens sans aveu se portèrent à tous les spectacles, pour les faire cesser comme dans les grandes calamités publiques. Au même instant, les rues, le palais-royal, plusieurs clubs se remplirent d'une multitude emportée, qui jetoit des cris de rage, et prétendoit délibérer. Les motionnaires étoient plus nombreux que jamais ; on en rencontroit à chaque pas.

Ces expressions de Robespierre : *mes amis, tout est perdu, le roi est sauvé ;* lachées au sortir de la séance au milieu d'un grouppe, n'avoient pas peu contribué à augmenter l'effervescence. L'assemblée nationale, instruite de ce désordre, enjoignit aux corps administratifs de poursuivre avec vigueur tous les rébelles. Cependant le dimanche 17, le champ-de-Mars se couvroit de citoyens et de brigands ; tous étoient excités par des émissaires qui couroient çà et là, l'argent à la main, et haranguoit principalement ces hommes que la misère et la férocité rendoient plus propres à l'exécution de leurs projets. Ils étoient de plus échauffés par quelques-uns de ces éternels et implacables ennemis de la révolution, qui n'osant plus se déclarer ouvertement pour l'aristocratie, se flattoient de la faire triompher en fomentant tous les excès d'une aveugle démocratie, et en chargeant la liberté de tous les forfaiss qui en seroient la suite. Chasser tous les Bourbons, anéantir l'assemblée nationale, abattre les têtes les plus distinguées; tels étoient les cris de ralliement du champ de Mars, devenu le champ des furies. Les brigands ne tardèrent pas à trouver l'occasion de donner le signal du carnage. Deux hommes, l'un invalide à jambe de bois, l'autre perruquier de sa profession, s'étoient pratiqué une entrée invisible sous l'autel de la patrie. Là, seuls au-dessous d'une foule innombrable, ils déjeûnoient librement et travailloient à entr'ouvrir les planches des marches de l'autel, afin de voir très-librement aussi les femmes qui y montoient.

Découverts, saisis, conduits à la section du lieu et interrogés, ils sont condamnés à la prison. Ils s'y rendoient, lorsqu'on répand le bruit que ce sont deux conspirateurs qui, avec des barils de poudre, devoient faire sauter l'autel de la patrie. Aussitôt une horde furieuse s'élance sur les deux captifs, et sans autre éclaircissement, les suspend au premier reverbère. La corde ayant cassé, on les décapite vivans, on promène leurs têtes sur des piques, et on se dispose à les porter dans Paris, et spécialement au Palais-Royal. — A onze heures, le corps municipal, informé de ces assassinats et des crimes projetés, députe trois de ses membres pour rétablir l'ordre, et proclamer au besoin la loi martiale. Ils partent, escortés de nombreux détachemens : le général se montre à la tête de la cavalerie ; tous les malfaiteurs prennent la fuite, un seul demeure ; c'étoit un soldat volontaire ; il couche en joue son général.... Le calme paroissant rétabli, Lafayette quitte le Champ-de-Mars. Mais à peine a-t-il disparu, que les factieux dispersés se réunissent de nouveau, insultent la garde nationale, et se disposent à consommer leurs atroces desseins qu'ils couvroient toujours de leur prétendue pétition à l'assemblée nationale contre le décret du 15.

Le corps municipal, instruit par ses députés que l'incendie se rallume avec plus de fureur, se hâte de l'étouffer, et pour séparer le peuple qu'on égaroit, des monstres qui vouloient tout perdre, arrête à deux heures que la loi martiale sera publiée. Aussitôt trois officiers municipaux descendent de la maison commune pour la proclamer, et le drapeau rouge est exposé à l'une des principales fenêtres.

Ces dispositions ne produisant aucun effet, à six heures, la municipalité fait battre la générale dans toutes les sections, tirer le canon d'alarme, et se met en marche, précédée d'un détachement de cavalerie, de trois pièces de canon, du drapeau rouge, et suivie d'un détachement nombreux de gardes nationales. A son arrivée au champ de la fédération, un très-grand nombre de citoyens se dispersent; mais les mutins et les brigands, immobiles dans leur révolte, crient: *à bas le drapeau rouge, à bas les bayonnettes.*

Cependant le corps municipal, dans l'intention de se porter d'abord à l'hôtel de la patrie, poursuivoit sa marche, lorsque les attroupés l'assaillent d'une grêle de pierres, et que l'un d'eux tire un coup de feu sur les officiers municipaux. Le maire s'arrête, ordonne de faire halte, et se met en devoir de faire les sommations prescrites. Trois de ses collègues s'avancent la loi à la main; mais la foule vomit des blasphêmes, agite dans les airs des bâtons menaçans, et lance des pierres sur la garde nationale. Celle-ci fait en l'air une première décharge qui dissipe beaucoup des attroupés sans blesser personne. Ce ménagement augmente l'audace du reste des séditieux; les insultes et les pierres redoublent; des coups de pistolets partent en même-temps. Réduite à se ranger, ou forcée de se défendre, la garde nationale use du droit que lui laisse la loi, lorsque les violences exercées rendent impossibles les sommations des officiers municipaux, et tourne ses armes contre ses agresseurs. Le Champ-de-Mars ensanglanté s'évacue à l'entrée de la nuit, et le corps municipal rentre à la maison commune à dix heures du soir.

On évalua le lendemain le nombre des morts, du côté des factieux, à onze ou douze, et celui des blessés à un pareil nombre. Du côté des volontaires, plusieurs officiers et soldats furent frappés de coups de pierres, l'un d'eux fut renversé de son cheval; un seul resta sur la place. Deux chasseurs et un canonnier furent assassinés, après l'action, dans la même soirée. (1) ». Voilà dans la plus grande exactitude ce qui se passa au Champ-de-Mars. Ce n'est pas moi qui

(1) Histoire de la Révolution, Tome VII, page 243 et suivantes.

le raconte ; vous m'auriez cru avec peine, et les petites réflexions très-patriotiques qui assaisonnent cette narration vous prouvent assez que l'auteur est un peu éloigné de ma manière de voir.

Ainsi, quand même il y auroit des pièces qui attesteroient que Louis XVI, dans sa captivité, dirigeoit les actions du commandant de la garde parisienne, ce n'est pas l'affaire du Champ-de-mars que vous pouvez lui opposer. Les corps administratifs et l'assemblée constituante donnèrent seuls des ordres, parce que la tranquillité générale se trouvoit compromise ; parce que, comme l'a très-bien observé M. de Sèze, la république n'étoit pas la forme de gouvernement que la nation vouloit alors.

Cela est si vrai que l'assemblée législative même, dans la séance du 7 juillet 1792, fit mettre aux voix cette proposition : *que ceux qui abjurent également et exercent la république et les deux chambres se lèvent.* Brissot, Condorcet, Lacroix, Chabot et toute la sequelle de nos républicains se levèrent incontinent et prêtèrent ce serment par acclamation. Mais Louis XVI, à l'époque dont vous parlez, étoit encore gardé à vue, et il ne fut libre qu'assez long-temps après.

En

En vérité peut-on mettre si peu de bonne foi dans une accusation qui sera discutée dans le silence des passions, et par l'Europe et par la postérité. C'est vouloir se couvrir d'une honte bien gratuite. Vous alléguez une lettre écrite de la main de Louis XVI à Lafayette en 1790. Mais que prouve cette lettre? Répondez ce que vous dit votre conscience. Annonce-t-elle un complot de contre-révolution? Eh! tout le monde l'avouera, Louis XVI se seroit bien mal adressé en communiquant ses projets à un homme du caractère dont on connoît le *héros de l'Amérique*. Avoit-il oublié l'insurrection qu'il avoit préparée dans plusieurs provinces lors des querelles des parlemens avec la cour? Avoit-il oublié le profond sommeil où il se plongea, lorsqu'on fut sur le point de l'assassiner dans la nuit du 5 au 6 octobre 1789? Non, il n'est pas probable que le roi eût pris Lafayette pour son confident, s'il avoit eu les intentions que vous lui prêtez. Et cette lettre, de quoi traite-t-elle? des moyens d'entretenir la paix dans Paris. Et parce que le roi a écrit à un homme qui jouissoit alors de la confiance publique, vous lui supposez de tramer contre la liberté? Il faut être bien poursuivi par l'idée du crime, pour le trouver dans des actions si ndifférentes en elles-mêmes. Après des accusations semblables, renouvellées si souvent, et qui ont servi de prétexte à la condamnation d'une foule de citoyens innocens, je ne sais pas si l'on auroit eu plus à craindre sous le règne de Tibère, où les pleurs étoient un *crime de lèse-majesté.*

La division commença sous ces auspices cruels. Cela est vrai, mais prouve contre vous. La France s'étoit déclarée ouvertement pour le gouvernement monarchique. La faction Robespierre et Brissot vouloit la république. Leurs projets échouèrent au champ de mars, mais ils ne l'abandonnèrent pas pour cela. Dès-lors il y eut dans Paris et à l'assemblée nationale deux partis bien distincts; suivez ces chefs de parti à la tribune des Jacobins, à la tribune de la convention, épiez leurs intrigues, réfléchissez sur leur morale, voyez-les alertes à capter la bienveillance du peuple, et vous direz: voilà ceux qui ont perverti l'opinion publique; voilà ceux qui ont mis dans l'état une division funeste; car sans eux, la capitale et tout l'empire n'avoient qu'un seul et même vœu. *Tous les genres de corruption furent employés.* Ce reproche ne s'adresse pas à Louis XVI; j'ai déja expliqué ce qu'on doit entendre par esprit public. Au reste Barbaroux et Brissot le revendiqueront pour eux ; ils s'en feront gloire, à présent qu'ils ont pour appui le succès qui légitime tout.

Vous avez payé des libelles, des pamphlets, des journaux destinés à discréditer les assignats et à soutenir la cause des émigrés. M. Bertrand de Molleville, ancien ministre de la marine, obligé de chercher un asyle dans une terre étrangère, a écrit de Londres, le 16 novembre 1791, au président de la convention nationale, pour lui donner une déclaration exacte des faits importans et ignorés dont il avoit eu connoissance pendant son ministère. Il répond en grande partie au reproche d'avoir payé des libelles. « Les écrivains exagérés des deux partis, dit-il, s'éloignoient également des principes et de l'esprit de la constitution ; leurs productions incendiaires prolongeoient, entretenoient le mécontentement et l'agitation du peuple. Les inconvéniens graves qui pouvoient en résulter, ont dû fixer l'attention du roi : obligé par son serment de maintenir la constitution par tous les moyens qui étoient en son pouvoir, il a dû et pu considérer comme un de ces moyens, celui d'éclairer le peuple par des écrits sages et constitutionnels, qui servissent de contre-poison aux pamphlets dangereux dont il étoit inondé chaque jour. Ce qu'il y a de certain, c'est que, pendant mon ministère, mes collègues, ont, ainsi que moi, regardé comme un devoir, de donner ce conseil au roi, et que nous le lui avons donné plusieurs fois. Ainsi, il est très-possible que cet ordre ait été donné à l'intendant de la liste civile; quant à la manière dont il a été exécuté, on sent bien que le roi n'a pu en suivre les détails. D'ailleurs il est de principe que l'exécution la plus répréhensible d'un ordre légitime ne peut jamais compromettre celui qui a donné l'ordre, mais seulement celui qui l'a exécuté: or, il est évident que l'ordre de faire répandre des écrits sages et constitutionnels étoit un ordre légitime. Le roi a donc pu le donner, et certainement il n'en a pas donné d'autre. Mais voici des faits qui lui sont personnels, et d'après lesquels on peut juger de ses véritables sentimens.

J'avois montré, continue M. Bertrand, la répugnance la plus forte à accepter le ministère, et je n'avois pas dissimulé que le principal motif de ma répugnance étoit mon incertitude sur les véritables dipositions du roi, relativement à la constitution. Il en fut instruit, et lorsque je lui fus présenté le 3 octobre par le ministre de l'intérieur, il m'adressa ces propres paroles:

« Je sais vos inquiétudes, je ne les blâme

pas; il est tout simple que vous desiriez de savoir à quoi vous en tenir; j'ai accepté la constitution; je ne dis pas que je la crois bonne dans tous ses points; je suis même convaincu que si l'assemblée ne se fût pas interdite la faculté de recevoir les observations que je pourrois avoir à faire, elle auroit adopté les principaux changemens que j'aurois eu à proposer. Mais nous n'en sommes plus là; la constitution est acceptée telle qu'elle est, elle a en sa faveur l'opinion générale; ainsi on ne peut plus penser à des changemens, que lorsque l'expérience en aura fait sentir la nécessité; car la force ne peut rien sur l'opinion; le succès de cette expérience dépend de la fidélité avec laquelle cette constitution sera exécutée, et mon intention est qu'elle le soit autant et aussi bien qu'il sera possible. Voilà la ligne que je me suis tracée, et dont j'exige que mes ministres ne s'écartent pas; si les moyens d'exécution qui sont en leur pouvoir se trouvent insuffisans, ou qu'ils éprouvent quelques embarras, c'est à l'assemblée qu'ils doivent s'adresser ».

Tel fut le discours de Louis XVI à M. de Bertrand; tel est le témoignage que rend en faveur du roi un homme de bien qu'on ne peut récuser. Les deux lettres de cet ancien ministre n'ont pas été lues à la convention, parce qu'elles contenoient des preuves sans réplique, parce qu'elles annihiloient une partie des griefs qu'on impute à ce prince infortuné. Ainsi donc, de crainte que son innocence ne soit reconnue, on supprime les pièces qui sont à son avantage. On cherche à se faire illusion à soi-même en repoussant tout ce qui pourroit déchirer le voile de l'erreur. On n'observe pas même les loix de la justice naturelle, tant on s'est habitué au crime ! tant on est persuadé que Louis XVI n'est pas coupable ! car s'il l'étoit réellement, si vous teniez dans vos mains le fil des intrigues dont vous parlez sans cesse, si la conviction étoit certaine, vous ne précipiteriez pas le jugement; vous procéderiez avec lenteur, avec dignité ; vous ne prononceriez pas dans la tribune des déclamations furibondes ; vous ne refuseriez pas à Louis XVI les droits dont jouissent tous les accusés ; vous ne violenteriez pas les consciences, en forçant d'opiner à voix haute ; vous réprimeriez ces adresses scandaleuses faites au nom d'une section qui l'ignore, par des individus que le crime a payé, et où l'on demande la mort d'un homme qui n'est encore que présumé coupable, avec moins de difficulté peut-être qu'on ne demanderoit celle du plus grand scélérat ; vous n'inviteriez pas les tribunes à faire éclater des hurlemens d'allégresse, lorsqu'un orateur corrompu prononce le mot effrayant d'échafaud. Croyez qu'on ne s'y trompe point. Votre attitude n'est pas celle d'un tribunal impartial ; vous ne laissez appercevoir que beaucoup de passions, beaucoup de haine pour le prince généreux, qui vous a fait ce que vous êtes, et pas le moindre désir d'être justes. Vous craignez à chaque instant que la victime ne vous échappe, et vous brûlez de l'immoler. Le parti en est pris, je le vois bien ; on parle ouvertement d'aller l'égorger au temple, si par un coup imprévu elle sortoit absoute du jugement ; on rencontre dans les rues de ces hommes féroces que la nature n'engendra que pour la honte de l'espèce humaine ; ils montrent leurs poignards, ils sont éguisés, et ils s'indignent qu'ils ne soient pas encore rougis du sang d'un roi. Eh bien ! Louis XVI périra ; mais des supplices cent fois plus cruels que la mort vous sont réservés ; mais des frayeurs, mais des remords, mais des angoisses vous accompagneront jusques au tombeau, mais vous vous estimerez heureux d'y descendre, pour mettre fin à vos tourmens ; mais l'histoire imprimera sur vous une flétrissure ineffaçable ; mais vos enfans hériteront de vos malheurs. Jusqu'à présent j'ai supposé votre triomphe complet : s'il n'est que passager, si le peuple revient de ses égaremens, si à la haine succèdent la pitié et l'amour ; que deviendrez-vous ? Un de vos collègues, frappé de cette idée, ne vous a-t-il pas retracé le tableau du peuple de Londres, se lamentant après la mort de Charles I, et assistant avec volupté au supplice des juges qui l'avoient condamné à mort ?

Condorcet traitera, s'il lui plaît, ces argumens, et tous ceux que nous avons déjà porté en faveur de Louis XVI, de plats et d'absurdes (1). Il ne convaincra point ceux qui aiment la justice, qui écoutent la voix de la raison, qui ne sont pas dévorés de projets ambitieux, qui ne se sont pas apprivoisés avec le sang de l'innocence. J'aurai pour moi toutes les ames sensibles et pures, et leur approbation me console et me récompense des dangers que je cours en frondant l'opinion d'hommes qui enseignent la théorie des assassinats, afin de les commettre plus impunément.---Je reviens au reproche fait à Louis XVI d'avoir payé des libelles, des pam-

(1) *Voyez* la Chronique de Paris du *29* Décembre.

phlets et des journaux, et je dis : Louis XVI n'est point coupable, si les ouvrages qu'il a payé ne prêchoient que le maintien de la constitution! or, jetez un coup-d'œil sur la liste de ces imprimés, rendue publique par ordre de l'assemblée législative ; vous y verrez de nombreuses affiches contre les Jacobins, contre les ennemis de l'ordre, contre les anarchistes : pas une où l'on ne prêche le respect pour les autorités constituées ; pas une où l'on conseille les séditions, les incendies et les meurtres. Vous y verrez le courrier de la guerre et le logographe ; mais ces journaux n'étoient-ils pas écrits dans les principes que vous et la France entière aviez juré de défendre ? La justification du roi est donc complette à cet égard.

§. IX.

Vous avez paru accepter la constitution le 14 septembre. Vos discours annonçoient la volonté de la maintenir, et vous travailliez à la renverser avant même qu'elle fût achevée. Une convention avoit été faite à Pilnitz le 24 juillet entre Léopold d'Autriche et Frédéric-Guillaume de Brandebourg, qui s'étoient engagés de relever en France le trône de la monarchie absolue, et vous vous êtes tû sur cette convention, jusqu'au moment où elle a été connue de l'Europe entière.

Réponse de Louis XVI.

Je l'ai fait connoître sitôt qu'elle est venue à ma connoissance ; au reste tout ce qui a trait à cet objet, par la constitution, regarde le ministre.

OBSERVATIONS.

1°. Il est faux que la convention de Pilnitz ait été faite le 24 juillet, c'est le 27 août que l'empereur et le roi de Prusse l'ont signée.

2°. Il est faux que Louis XVI se soit tû sur cette convention ; il n'a pu la faire connoître officiellement à l'assemblée, que lorsque lui-même en a eu reçu la nouvelle officielle ; mais les premiers renseignemens qu'il a eu à cet égard ont été donnés au comité diplomatique ; les registres des affaires étrangères en fournissent des preuves, et il en est d'autres aussi indubitables entre les mains de l'éloquent et sensible défenseur de Louis XVI.

3°. Il est encore faux que le roi travaillât à renverser la constitution avant même qu'elle fût achevée. C'est une allégation, à laquelle j'ai déjà répondu bien des fois ; mais il faut la détruire de nouveau dès qu'on la fait reparoître appuyée sur de nouveaux fondemens ; elle l'est à la vérité, parce que je viens de dire sur le traité de

Pilnitz, puisque ce traité est la seule pièce qui lui serve de base. Mais j'observe que Louis XVI et ses ministres, les deux sur-tout qu'on a cruellement assassiné, sans doute parce qu'ils auroient servi à démontrer l'innocence du roi, et à couvrir de honte ses infâmes calomniateurs, ont travaillé sans relâche à anéantir les projets des puissances coalisées. Qu'on examine la correspondance de Montmorin et de Lessart; loin d'y trouver les moindres traces de complicité, elle atteste qu'ils étoient parvenus à réduire la convention de Pilnitz à une convention éventuelle, et simplement défensive. Si cela n'étoit ainsi, l'empereur et le roi de Prusse auroient-ils passé toute l'année 1791, sans faire aucuns préparatifs de guerre? et la campagne ne se seroit-elle ouverte qu'à la fin d'août 1792? Il est donc bien démontré que le roi a fait tout le contraire de ce dont on l'accuse.

§. X.

Arles avoit levé l'étendart de la révolte; vous l'aviez favorisée par l'envoi des trois commissaires civils qui se sont occupés, non à réprimer les contre-révolutionnaires, mais à justifier leurs attentats.

Péponse de Louis XVI.

Les instructions qu'avoient les commissaires doivent

prouver ce dont ils étoient chargés, et je n'en connoissois aucun quand les ministres me les ont proposés.

OBSERVATIONS.

Il n'y a rien à ajouter à la réponse du roi, elle est extrémement juste : vous n'accusez pas les instructions que le gouvernement avoit donné aux commissaires, dit fort bien M. Deseze : vous ne pouvez donc pas accuser le gouvernement. Au reste, on seroit en droit de demander à l'assemblée quelle conduite ont tenu ses propres commisssaires dans les villes où elle en a envoyé? quel genre de personnes ils ont protégé? quel innocent ils ont absout? quels factieux ils ont puni?

(Je m'arrête dans la marche que je m'étois prescrite. L'examen que je ferois des autres délits imputés au roi, ne pourroit absolument qu'être calqué sur les réponses qu'y a faites M. Deseze. Je viens de lire la défense qu'il a prononcée à la barre de la convention; combien elle a soulagé mon cœur! combien elle apportera de consolation dans les ames sensibles! combien elle fera aimer Louis XVI! Hélas! j'en étois sûr de son innocence! je savois que dans lui on ne poursuivoit que la royauté et non pas le crime! je savois qu'il réunissoit toutes les vertus et pas un vice! S'il succombe... écartons de noirs pressentimens ..... il faut espérer ... il faut être heureux une fois dans sa vie.

Cependant je crois devoir revenir sur certains chefs d'accusation, que M. Deseze a traité un peu légèrement, pour ne pas effaroucher tout à fait des oreilles républicaines. J'apporterai dans ce nouvel examen la même impartialité, le même désintéressement dont je crois avoir donné des preuves dans le cours de cette discussion, et si je me montre passionné, ce sera uniquement pour la justice. Puissent mes efforts ne pas être superflus! puissent-ils faire triompher la cause d'un homme sans reproche, et confondre les coupables!

§. XXV.

Le corps législatif avoit rendu le 29 janvier un décret contre les prêtres factieux; vous en avez suspendu l'exécution.

Réponse de Louis XVI.

La constitution me laissoit la sanction libre des décrets.

OBSERVATIONS.

Soyez donc conséquens dans vos accusations. Tout à l'heure vous reprochiez à Louis XVI d'avoir voulu renverser la constitution, et maintenant vous lui faites un crime de s'être opposé à un décret entièrement contraire à cette constitution même ! En vérité, M. Lindet, c'est-là le comble de l'extravagance et de la mauvaise foi. Et d'abord quels sont les hommes que vous osez traiter de factieux ? en est-il un seul auquel vous fussiez digne d'être comparé ? que signifient, a dit un protestant lui-même, que signifient ces expressions répétées de résistance et de révolte ? où le clergé a-t-il prêché la révolte contre la constitution? quel bras a-t-il armé ? quel ami de la révolution est tombé sous le fer de ses missionnaires ? un seul ecclésiastique a-t-il été trouvé, jugé coupable de ces crimes ? quelles sont les manœuvres qu'on leur reproche ? les prisons sans cesse ouvertes des comités des recherches, renferment-elles des prêtres perturbateurs ? si cette classe entière de citoyens a échappé à la surveillance de cet effrayant tribunal, si tant de délations infâmes, consignées dans les feuilles publiques, n'ont pas amené la recherche et la preuve d'une émeute, d'une égratignure, dont on puisse accuser le fanatisme religieux, que deviennent ces imputations dont les presses du mensonge innondent le royaume ? (1) C'est

(1) *Voyez* le Mercure.

donc à tort que vous donnez aux prêtres non conformistes le titre déshonorant de factieux.

Les factieux, citoyen Lindet, sont ceux qui nous ont conduits à considérer du même œil les temples du vice et ceux de la vertu ; ceux pour qui nul droit, nul ordre public, nulle autorité, nulle propriété ne sont sacrés, et dont les efforts tendent tous les jours à détruire, avec le fer et la flamme, les liens à demi-rompus de la société ; ceux qui éteignent dans les ames le sentiment des mœurs et les idées religieuses; ceux qui flattent le peuple pour mieux le tromper ; ceux qui n'invoquent la souveraineté nationale que pour la concentrer dans leurs mains et assurer leur règne ; ceux qui accordent paix, salut et bénédiction aux assassins et aux brigands, et qui persécutent avec un acharnement impitoyable l'honnête citoyen qui se refuse à les aider dans leur systême de corruption et de destruction. Voilà, M. Lindet, quels sont les vrais factieux ; à présent l'application de ce mot n'est pas difficile à faire. Personne ne s'y méprendra.

En second lieu, Louis XVI a dû refuser sa sanction au décret contre les prêtres, parce qu'il est atroce, et de la dernière cruauté, de proscrire une classe de citoyens sans accusation, sans procédure et sans jugement ; parce que la constitution que le roi avoit juré et à laquelle vous avez prêté *le serment de ne rien proposer, ni consentir dans le cours de la législature qui pût y porter atteinte*, étoit contraire aux dispositions que vous aviez faites. Le but de toute association politique, dites-vous, est la conservation des droits naturels et imprescritibles de l'homme, la liberté, la propriété, la sûreté, la résistance à l'oppression. Or est-on libre, lorsque sur la demande de vingt citoyens, et même sur celle d'un seul, si le directoire du département y acquiesce, en est déporté sans appel et sans avoir commis la faute la plus légère ?

Est-on en sûreté lorsqu'à chaque instant on peut être arraché du sein de sa famille, et conduit dans une terre étrangère ?

Que devient le droit de propriété, lorsqu'on perd l'habitation de ses ancêtres, et qu'on est obligé d'abandonner la direction de ses biens ?

Et de la résistance à l'oppression, que ne peut-on pas dire ? en ont-ils joui ces malheureux ecclésiastiques envers lesquels on a exercé une persécution sauvage ? Hélas ! ils ont tout souffert sans se plaindre, et ils n'en ont pas moins

exercé

exercé les vertus évangéliques, et l'infatigable bienfaisance dont ils étoient les modèles.

La constitution garantissoit comme droit naturel et civil à tout homme la liberté d'exercer le culte auquel il étoit attaché (1), et cette garantie découloit nécessairement de cet article de la déclaration des droits : *nul ne doit être inquiété pour ses opinions même religieuses.* Or les dispositions du décret contre les prêtres ne violoient-elles pas ouvertement cette garantie de la constitution ? Pourquoi vouloit-on les déporter ? parce qu'ils n'avoient point prêté le serment ecclésiastique ! et ce serment, ils s'y étoient refusé, parce qu'il étoit contraire à leur culte, à leurs opinions religieuses. Ainsi le roi, sans manquer de fidélité à la constitution qu'il avoit juré de maintenir, ne pouvoit sanctionner le décret du 27 mai.

Mais ce ne sont pas les seuls articles de la constitution qui soient en faveur du refus de Louis XVI. Il y est dit : *la loi n'a le droit de défendre que les actions nuisibles à la société.* Or, le culte des prêtres non-conformistes en quoi est-il nuisible à la société ? S'accommode-t-il moins à ses usages et à ses règles que la religion des juifs, des mahométans et des Quakers ? Vous

(1) *Voyez* la constitution, Titre I.

permettez d'ailleurs le libre exercice des cultes; par quelle fatalité celui de l'église romaine seroit-il proscrit ?

Il y est dit : *la loi doit être la même pour tous, soit qu'elle protège ou qu'elle punisse.* Elle n'est donc pas la même, dès que vous faites des loix pour une classe de citoyens.

Il y est dit : *tout homme est présumé innocent, jusqu'à ce qu'il ait été déclaré coupable.* C'étoit donc sévir contre un homme présumé innocent que de sévir contre un prêtre insermenté, car la demande de déportation ne déclare pas qu'un prêtre est coupable ; il faut qu'un homme soit accusé et convaincu de la violation d'une loi, pour être traité en criminel. Telles sont les formes conservatrices de la vie de chaque individu. Or, le refus du serment n'est pas la violation d'une loi, puisque l'assemblée constituante laissoit la plus grande liberté à cet égard.

Il y est dit : *nul ne peut être puni, qu'en vertu d'une loi établie et promulguée antérieurement au délit et légalement appliquée.*

Il falloit donc après avoir établi la peine de déportation, spécifier quels seroient les délits qui en seroient frappés ; car, encore une fois, le refus du serment n'est point un délit. Il falloit pour que cette peine fût légalement appliquée, qu'elle le fût par un tribunal quelconque sur la déclaration des jurés ; et le conseil de département, ni le conseil de district ne sont pas une cour judiciaire ; ils sont seulement corps administratifs. La déportation supposant un crime, puisqu'elle est mise au nombre des peines dans l'article I du code pénal, ne pouvoit être prononcée qu'après une instruction publique, qu'après l'observation des formes décrétées par le corps législatif en matière criminelle.

Ce n'est pas encore tout. Si j'ouvre le code de police correctionnelle, j'y trouve précisément spécifiés les objets du décret de déportation. On comprend, y est-il dit, *parmi les objets de la police correctionnelle, les troubles apportés publiquement à l'exercice d'un culte religieux quelconque, et les troubles apportés à l'ordre social et à la tranquillité publique*. Ces troubles sont spécifiés plus bas : *ce sont des rixes, des tumultes, des attroupemens nocturnes, ou des désordres en assemblées publiques*, encore la loi est-elle indulgente pour la première fois qu'on les commet. Ainsi la constitution avoit tout prévu, tout réglé. Elle étoit donc violée sous tous les rapports possibles par le décret que le roi a refusé de sanctionner, et les membres de l'assemblée législative devoient donc être regardés comme des parjures et des mandataires infidèles pour avoir attenté à une constitution qu'ils n'avoient le droit de *changer ni dans son ensemble ni dans ses parties.* (1)

§. XXXIV.

Vous avez fait le 10 août la revue des Suisses à 5 heures du matin, et les Suisses ont tiré les premiers sur les citoyens.

Réponse de Louis XVI.

J'ai été voir toutes les troupes qui étoient rassemblées chez moi ce jour-là ; les autorités constituées étoient chez moi, le département, le maire et la municipalité ; j'avois fait prier même une députation de l'assemblée nationale d'y venir, et je me suis rendu dans son sein avec ma famille.

§. XXXV.

Pourquoi aviez-vous rassemblé des troupes dans le château.

Réponse de Louis XVI.

Toutes les autorités constituées l'ont vu : le château étoit ménacé : et comme j'étois une autorité constituée, je devois me défendre.

---

(1) Titre VII. art. VIII. paragraphe III.

OBSERVATIONS.

Nous voici arrivés à la fameuse journée du dix août : comme c'est là le grand grief de Louis XVI, celui sur lequel on a d'abord prononcé sa suspension et ensuite sa déchéance, celui sur lequel il est le plus intéressant d'instruire toute la France, je crois avant que d'entrer en matière, devoir faire connoître la partie du rappport de la commission des 21, qui en est le développement.

« Louis médita un attentat dont le plan et le jour de l'exécution étoient connus d'avance à Milan, dans les principales villes étrangères et dans plusieurs départemens. Une lettre adressée à Laporte avant le 10 août, constate ce fait. L'incivisme de sa garde en avoit nécessité le licenciement, il la conserve à sa solde ; il retenoit à son service les gardes-suisses, au mépris de la constitution et d'un décret du corps législatif ; il avoit des compagnies particulières entretenues pour un service secret ; on enrôloit secrètement pour lui ; enfin la cour provoqua l'affaire du 10 août, dont l'objet étoit de soulever les faubourgs, et de les massacrer ensuite, en les laissant avancer, et les prenant par derrière avec de l'artillerie. Ce fait est constaté par l'ordre du commandant de la garde nationale, et par une foule de dépositions. Le 9, les appartemens du château se trouvent remplis d'hommes armés qui y passent la nuit : le 10, Louis fait la revue des suisses dans le jardin des Tuileries, et leur fait prêter le serment de fidélité à sa personne. Les citoyens de Paris, les fédérés s'avancent en confiance vers le château, et c'est du château que l'on tire sur eux : ils souffrent plusieurs décharges meurtrières; il s'engage un sanglant combat entre les suisses et les citoyens. Le tyran est enfin vaincu et son trône renversé, tandis que Louis étoit allé chercher un asyle dans le sein des représentans du peuple. Louis est coupable de tous ces attentats, dont il a conçu le dessein dès le commencement de la révolution, et dont il a tenté plusieurs fois l'exécution. Tous ses pas, toutes ses démarches ont été dirigés vers le même but, qui étoit de recouvrer son ancienne autorité, d'immoler tout ce qui résisteroit à ses efforts. Plus fort et plus affermi dans ses desseins que tout son conseil, il n'a jamais été influencé par ses ministres; il ne peut rejetter ses crimes sur eux, puisqu'il les a au contraire constamment dirigés ou renvoyés à son gré. La coalition des puissances, la guerre étrangère, les étincelles de la guerre civile, la désolation des colonies, les troubles de l'intérieur qu'il a fait naître, entretenus et fomentés, sont les moyens dont il s'est servi pour relever son trône ou s'ensevelir sous ses débris. »

Ici j'ai besoin de recueillir toutes mes forces; j'ai besoin de m'armer d'un grand courage pour dévoiler les manœuvres dont on s'est servi pour renverser la constitution, pour assigner à chacun la part qu'il a eu à ce grand attentat contre la souveraineté nationale, pour démontrer que les coupables ne sont pas là où on les croit, et que les innocens sont ceux sur lesquels on veut faire peser la responsabilité de cet événement qui a détruit de fond en comble la monarchie. Je réclame l'indulgence de mes lecteurs pour ce travail fait à la hate, et qui demanderoit l'énergie du pinceau de Tacite; mais pressé par la nécessité d'achever ce mémoire justificatif, avant que la convention ait prononcé sur le sort de Louis XVI, on excusera, sans doute le peu de correction de mon style et le peu d'étendue que je donnerai à des faits qui exigeroient le plus grand développement.

La faction républicaine ne s'étoit pas éteinte dans le sang qui avoit été versé au champ de Mars. Envain la majorité de l'assemblée constituante, abjurant les principes de révolte et d'assassinat, à l'aide desquels elle avoit usurpé le pouvoir souverain, envain elle réclama la cessation de l'anarchie et un terme à la révolution, afin de pouvoir jouir de son ouvrage; envain elle porta un décret pour supprimer les clubs, après les avoir fondés et soutenus dans leur tyrannie; envain elle défendit aux futurs législateurs de toucher à la loi constitutive de l'état; comme elle avoit confié tout simplement cette loi constitutive à la probité de ceux qu'elle en fesoit dépositaires; comme elle n'avoit créé aucune force qui pût les empêcher d'y toucher, aucune force qui les limitât dans leur puissance, puisqu'ils étoient affranchis de toute espèce de responsabilité; le dernier jour même de l'assemblée constituaute fut un jour de triomphe pour les républicains. Pétion et Robespierre, qui avoient demandé la déchéance du roi, en donnant leur opinion sur sa fuite à Varennes, apostèrent trois ou quatre cents femmes et enfans, qui les reçurent avec acclamation au sortir du manège, les couronnèrent civiquement, dételèrent même leurs chevaux, et, sans leur extrême modestie, auroient traîné leur voiture. Le club des jacobins avoit recruté les nouveaux députés à mesure qu'ils arrivoient, et plusieurs, avant l'ouverture de la première séance de l'assemblée législative, s'étoient montrés dignes d'y être affiliés. On ne trouva pas de plus court moyen pour anéantir la puissance royale, ce hors-d'œuvre d'une constitution toute démocratique, que de l'avilir, en supprimant jusqu'aux formules de l'honnêteté, lorsqu'on traiteroit avec le monarque; ensuite d'usurper peu-à-peu tous ses pouvoirs, afin de montrer au peuple, qu'on pouvoit très-bien s'en passer; et en dernier lieu de le peindre comme un ennemi implacable de la révolution, afin de prouver la nécessité de s'en défaire. Voilà en trois points le plan que se forma le parti républicain; je vais le suivre pas à pas dans toutes ses démarches. Il fut contrarié d'abord par des hommes foibles, jadis révolutionnaires, mais qui rejettant alors par intérêt les moyens de séduction et la ressource des crimes que leurs adversaires ne répugnoient pas d'employer, ne firent jamais que d'inutiles efforts.

C'est le premier octobre que se tint la première séance de l'assemblée législative, et dès le 5 du même mois elle abolit les titres de *majesté* et de *sire*, et le cérémonial qu'avoit toujours observé l'assemblée constituante. Ce fut d'après les motions de Grangeneuve, de Bazyre, de Thuriot, de Guadet, de Cambon, de Chabot, de Couthon, des mêmes qui sont à présent les plus zélés pour la république, que ce décret fut porté. Comme les parisiens se rappeloient que quatre jours avant on avoit recommandé la constitution à la vigilance des pères de famille, aux épouses, aux mères, à l'affection des jeunes citoyens, au courage de tous les français, les parisiens désaprouvèrent généralement ce mépris qu'on manifestoit déja pour le roi constitutionnel, et le décret fut révoqué le lendemain.

Le 16, il s'agissoit de *housses* arrêtées par les municipaux de Sierk. On réclame la hiérarchie des pouvoirs. Couthon observe que si on renvoie les dénonciations au roi, il n'y aura jamais de justice; et Chabot demande que, si les municipaux de Sierk, qui ont violé la constitution, sont censurés, ceux de Varenne le soient aussi, parce que c'est contre la loi qu'ils avoient empêché le départ de Louis XVI.

Le 24, un nommé Huré, habitant de Pont-sur-Yonne, offre par écrit, signé de lui, 100 francs, et son bras pour être *tyrannicide*.. Mention honorable au procès-verbal.

Le reste du mois d'ocrobre fut employé à poursuivre très-inconstitutionnellement les prêtres et les nobles; ce qui fit dire très-naïvement à un membre : à *force d'entendre mal parler de la constitution, le peuple finira par en mal penser.*; c'étoit encore là où les jacobins vouloient en venir. Chabot et tous ceux de son bord se perdirent dans ce même mois et dans le suivant en dénonciations contre les ministres; le maintien de la constitution avoit été trop fraichement juré pour attaquer directement la seconde autorité constitutionnelle, et il étoit tout simple de jeter d'abord des soupçons injurieux sur les ministres, parce qu'il en rejaillissoit toujours quelque partie sur celui qui laissoit le pouvoir entre leurs mains.

Le 10 novembre, le Coz dit : nous sommes ici pour faire avancer le char de la constitution, et nous ne travaillons qu'à le faire reculer et à le culbutter... Jusqu'ici vous avez harcelé le pouvoir exécutif. Je regarde comme de vrais perturbateurs de la France, ceux qui, du matin au soir, viennent aboyer contre les ministres.» Un vacarme effroyable de la part des jacobins fait justice de cette remarque hors de propos.

Le 12 nov. le roi refuse sa sanction au décret sur les émigrans, parce que, par la constitution, l'assemblée n'étoit autorisée qu'à les accuser devant la haute-cour nationale, parce que son décret étoit une usurpation affreuse, puisqu'il étoit à la fois une accusation, une procédure et un jugement. Brissot en étoit l'auteur, et en faisant un acte si contraire à la justice et à la liberté, il étoit sûr que le roi ne le sanctionneroit pas, et que ce seroit un moyen infaillible de provoquer contre lui le ressentiment populaire. Aussi le refus de Louis XVI servit de prétexte à la horde des jacobins pour l'injurier et obtenir quelqu'émeute. Et dès-lors on put prédire, sans crainte de se tromper, que le trône seroit incessamment renversé. Brissot écrivit dans son journal : (1) » l'ordre du jour est le salut de l'état, et l'assemblée saura le sauver sans le roi, et malgré les ministres qui lui donnent des conseils aussi pervers »

Le 13 novembre, un imposteur, appelé Alexandre de Créqui, se prétendant né de Louis XV en 1737, réclame tous ses droits, et se plaint de quarante emprisonnemens, dont le dernier a duré neuf ans dans un château près de Stellin. Cette pétition donnoit un libre champ aux déclamations; et les républicains, Chabot à leur tête, ne manquèrent pas cette occasionpour avilir le roi ; (car, et je prie mes lecteurs de ne pas oublier cette remarque, ce sont ceux qui vouloient à toute force la république, qui multiplioient à tort et à travers

(1) *Voyez* le Patriote Français du 13 novembre 1791.

les prétendus griefs du souverain, et dans le tableau de leurs manœuvres journalieres, depuis la dernière séance de l'assemblée constituante, jusqu'au 10 août, on verra Brissot, Chabot, Lacroix, Couthon, Cambon et compagnie, toujours armés d'un faisceau de dénonciations absurdes, toujours couverts d'opprobre par leurs calomnies reconnues, et toujours reparoître sur la scène avec un front inaccessible à la pudeur). Chabot s'écrioit que la liste civile devroit servir à indemniser ceux que le pouvoir exécutif persécuta jadis au lieu de servir à alimenter les ressources des émigrés; parceque les princes sont des enfans nationaux.

Le 14, Isnard fait une sortie vigoureuse contre les prêtres, et il lui échappe un aveu qu'on ne doit pas oublier. « Provoquez des arrêts de mort, dit-il, frappez du glaive de la loi. Livrez des batailles, écrasez tout de vos victoires. C'est au commencement d'une révolte qu'il faut être tranchans. *Heureusement Louis XVI n'a pas employé ces moyens; nous ne serions point ici, et la nation plieroit encore sous le joug.*

Le 16, quoique l'acte constitutionnel eût établi que nul corps armé ne pourroit délibérer, et que les autorités constituées ne pourroient admettre que des pétitions individuelles, on accorde mention honorable à une adresse d'un bataillon du département de Rhône et Loire. Le même jour Brissot dénonce comme séduisante la proclamation du roi, du 12 novembre 1791. (1)

Le lendemain, 17, même dénonciation de la part de Chabot.

Le 20, accueil fait par les républicains à la section des Lombards qui disent: « les représentans du souverain sont ici; agiront-ils comme ils le doivent, ou le souverain sera-t-il obligé d'agir lui-même ». On entend bien que ce mot, *souverain* ne signifie pas le roi.

Le 29, grande agitation de Couthon pour témoigner à Péthion le plaisir que ses partisans ont eu en apprenant son élévation à la mairie. Sur dix mille six cents trente-deux votans, au lieu de quatre-vingt-douze mille que renferme Paris, Péthion avoit réuni 6728 suffrages.

Le 21, à la lecture du procès-verbal, on observe que l'adresse des Lombards est inconstitutionnelle, mais les républicains l'emportent.

Le 22, le ministre donne ordre à Southon, directeur de la monnoie de Pau, de se rendre à son

---

(1) Nous ferons connoître cette proclamation, parce qu'elle sert de réponse à plusieurs articles de l'acte d'accusation.

poste. Southon se plaint à l'assemblée, et Isnard parle en sa faveur, en observant que ce patriote étoit occupé à rédiger une pétition bien détaillée contre le ministre.

Le 3 décembre, le conseil général du département de Loir et Cher envoie une adresse contraire à la constitution dans sa forme et dans ses principes d'anarchie. « Votre décret sur les émigrans, dit-il, vous couvre de gloire. Nous ne voulons pas déclamer contre le *veto* du roi, puisque la constitution a donné à un seul homme le droit de paralyser la volonté de 25 millions d'individus. Le pouvoir exécutif vient de se charger de la responsabilité la plus terrible, il sera coupable des malheurs que son refus pourra entraîner. Votre sagesse vient encore de se signaler par des mesures sages contre les fanatiques. Ce décret sera-t-il aussi frappé du *veto* fatal ? Nous espérons qu'après un second refus, vous prendrez contre le pouvoir exécutif une attitude ferme. » Chabot et tous ceux de son bord se mirent en mouvement pour faire accorder les honneurs de l'impression à cette adresse dans laquelle l'on provoquoit l'avilissement des pouvoirs constitués et la résistance à leurs actes. (On n'oubliera point que les délateurs et les pétitionnaires des départemens ont toujours eu leur fil à Paris. C'est M. Necker qui le premier leur a donné l'exemple lors des lettres de convocation pour les états généraux. Rien de plus facile que de se procurer des milliers d'*adresses*. Le stile, les motifs et les demandes prouveroient évidemment si l'on n'en avoit pas des preuves matérielles, que ces adresses viennent toutes de la capitale ; c'est dans le sein même de l'assemblée qu'elles sont composées ; et on a l'impudeur de présenter le vœu qu'elles expriment comme le vœu du peuple ! Voilà par quels moyens on a amené en France le despotisme le plus affreux. Et quand ces adresses ne viendroient pas d'une source aussi corrompue, quand les agitateurs des départemens n'entretiendroient pas une correspondance criminelle avec ceux de Paris, en pourriez-vous conclure une approbation universelle pour vos décrets ? Est-ce que des assemblées composées d'une poignée de citoyens, et délibérant dans la chaleur des passions, dans l'ivresse patriotique, la plus dangereuse de toutes, sont compétentes pour exprimer les volontés d'une ville ou d'un canton ? Est-ce que des assemblées d'où l'on chasse les amis de l'ordre par des traitemens qui seroient ignominieux, si la justice y entroit pour quelque chose, mais qui sont des titres de gloire pour ceux qui les souffrent, parce que ce sont

tous

tous les vices qui se déchaînent contre la probité et la vertu ; est-ce que de telles assemblées peuvent représenter la volonté nationale ? Pas plus que si le consentement partiel des individus qui composent la convention pouvoit former un décret. Mais c'est une conformité de plus qu'il y a entre vous et le long parlement d'Angleterre. » A quelqu'excès que la sédition du peuple fût déja montée dans ce malheureux pays, on renouvella, dit le sage Hume, pour l'irriter encore, l'expédient des pétitions. Il en parut une du comté de Bukingham, signée de six mille personnes, qui promettoient de vivre et de mourir pour la défense des privilèges du parlement.

La ville de Londres, les comtés d'Essex, de Hertford, de Surrey et de Berks imitèrent cet exemple.

Une pétition des apprentifs fut reçue avec applaudissement. On n'en accorda pas moins à celle des porte-faix, qui se disoient au nombre de 1500 ; ce grand corps demandoit qu'on fît justice des coupables, et que la punition répondît à l'atrocité des crimes : il ajoutoit que si ces remèdes étoient suspendus plus long-temps, il se porteroit à des extrêmités qu'il ne convenoit pas de nommer, et qui justifieroient le proverbe : nécessité n'a point de loi.

On vit paroître une autre pétition de quelques mendians, au nom de plusieurs milliers de leurs semblables, qui proposoient pour remède à la chose publique, que les nobles et dignes seigneurs de la chambre haute qui concourroient aux heureux suffrages des communes, se séparassent des autres pairs, et tinssent leurs assemblées comme un corps entier. Les communes firent des remercîmens pour cette pétition.

La même rage saisit jusqu'aux femmes ; celle d'un brasseur suivie de plusieurs milliers d'autres, présenta une pétition.

Pym vint à la porte de la chambre, déclara aux patriotes femelles, que leur pétition étoit reçue avec reconnoissance et présentée dans un tems fort convenable.

Ainsi les plus misérables artifices furent mis en œuvre, et toutes sortes de voies employées pour jeter le malheureux peuple dans les convulsions de la guerre civile.

D'un autre côté, toutes les pétitions qui favorisoient l'église ou la monarchie, de quelques mains qu'elles vinssent, furent non seulement reçues de mauvaise grâce, mais même rejettées ceux qui les présentoient emprisonnés ;

poursuivis, et cette conduite fut ouvertement avouée et justifiée. » (1)

Je m'abstiendrai de toute réflexion sur ce tableau qui peint si bien ce qui s'est passé depuis la révolution, qu'on le croiroit tracé d'après elle. Cette époque du bouleversement de l'Angleterre présente encore plusieurs traits de comparaison avec l'histoire actuelle. On y voit figurer un *boucher*, de même qu'en France c'est un *boucher* qui est un des héros de la république. On n'a pas sans doute oublié la conduite de Legendre dans l'affaire du 20 juin, et on se rappelle encore que dernièrement, au sujet de la révolte dont le prétexte étoit la cherté des grains, il s'écria : *la cause en est au temple.* Il y a en effet une connexité indubitable entre Louis XVI qui gémit dans sa prison, et les agitateurs qui demandent la diminution des denrées.

Encore quelques traits de l'histoire d'Angleterre : les rapprochemens seront faciles. On publia que Charles I étoit digne de mort, comme auteur du sang versé pendant la guerre ; on le déclara coupable du crime de haute trahison ; on défendit de reconnoître pour roi Charles Stuard

(1) Hume, histoire de la maison de Stuart, année 1642.

son fils, et on jura le maintien de la république. Les communes, au lieu du nom du roi, mirent ces mots sur tous les actes : *les conservateurs de la liberté d'Angleterre*. Et ils l'avoient anéantie de même qu'en France ; elle est peut-être perdue pour jamais !

Quand on appella Fairfax, le premier jour que commença la haute cour de justice, une voix s'écria du haut de la galerie : *il a trop d'esprit pour être ici.*

Quand on lut l'accusation portée contre le roi, au nom du peuple d'Angleterre, la même voix reprit, *non pas du peuple, non pas seulement de la dixième partie*, et cette voix étoit celle d'une femme ; et en france pas une n'a osé réclamer lorsque Barrère au nom de la Convention a osé dire à Louis XVI qu'il étoit accusé par tout le peuple françois!... Les représentans du peuple, ou plutôt ceux de la faction de Cromwel, se servirent sans cesse du mot de liberté pour colorer leur tyrannie, de même qu'ils employèrent le nom du roi pour lui faire la guerre.

J'ai cru devoir rappeler ces circonstances du procès de Charles I; elles affligeront les ames sensibles, mais elles pourront faire ouvrir les yeux à ceux qui sont assez aveugles pour ne voir dans les actes de la convention, qu'un zèle épuré pour le bonheur public. La marche des factieux d'Angleterre et celle des factieux qui désolent depuis si long-tems notre malheureuse patrie, est absolument la même, et s'il y a quelque différence c'est que les révolutionnaires actuels ont surpassé en hypocrisie, en scélératesse et en tyrannie les assassins de l'infortuné Stuart.

On voudra bien me pardonner l'abandon et le peu de suite avec lesquels ce *mémoire* est écrit ; une foule de pensées affligeantes m'assiègent nuit et jour, et je songe fort peu à arrondir des périodes et à classer mes idées. Le malheur de Louis XVI m'occupe, ses vertus me touchent, l'ingratitude des Français me déchire l'ame. Non, je ne puis me faire à une catastrophe aussi terrible que celle qu'on nous prépare. Si le ciel le permet . . . il permettra aussi, législateurs, que la colère du peuple que vous avez appelé un supplément de la vengeance de Dieu, écrase les tyrans qui auront osé se servir de son nom pour commettre un exécrable assassinat.

Je poursuis l'examen des opérations jacobites ou républicaines.

Fauchet accuse le ministre Delessart de deux grands crimes de haute trahison ; l'un d'avoir attaqué la législature par cette phrase d'une proclamation du roi : « le roi vient de refuser sa sanction à un décret qui ne pouvoit pas compatir avec les mœurs françaises et avec les principes d'une constitution libre » ; l'autre de n'avoir envoyé dans le département du Calvados que le 25 novembre, un décret du 27 septembre. M. Delessart paroît et annonce qu'il va se justifier. Les républicains demandent sur-le-champ, et obtiennent que la séance soit levée. Le soir, vient le tour du ministre de la guerre, Rouiller l'accuse d'avoir fait un *mensonge révoltant* en affirmant qu'on ne pouvoit fabriquer soixante mille fusils en France. Vos écus sont peut-être partis, ajoute-t-il, et les fusils achetés chez l'étranger ne sont pas prêts d'arriver. On demande les preuves, Une voix répond qu'elles ne sont pas nécessaires.

Après avoir travaillé la multitude par des dénonciations sans nombre contre le pouvoir exécutif, les républicains répandirent hors du royaume le bruit d'une seconde évasion du roi et de sa famille, dans la nuit du 20 au 21 novembre, et le ministre de l'intérieur crut devoir écrire la lettre suivante au maire de Paris.

« Le roi vient d'être informé qu'on répand et qu'on s'efforce d'accréditer des bruits propres à allarmer tous les citoyens, et à troubler la tranquillité publique. On a dit au roi que dès demain peut-être des courriers supppsés doivent entrer dans Paris de plusieurs côtés et y publier que les émigrans sont entrés en France les armes à la main : on doit annoncer en même-tems que le roi a quitté Paris. Cet avis donné par des personnes graves, mérite d'autant plus d'attention que d'autres faits antérieurs manifestent une intention très-caractérisée d'exciter à Paris un grand soulèvement, etc.

Quel étoit le but qu'on se proposoit par-là ? De pousser les princes et les émigrés à quelque mouvement sur les frontières. S'ils se fussent ébranlés les courriers affidés fussent entrés par toutes les portes de la capitale, avec la nouvelle de leur invasion, l'effroi eût remué toutes les ames, on auroit crié à la trahison, et la chûte du roi étoit assurée ; car qui n'auroit pas cru que Louis XVI n'avoit refusé sa sanction au décret contre les émigrés, que parce qu'il étoit d'intelligence avec eux, parce qu'il avoit leur prochain retour ? (1) Les républicains échouèrent dans cette entreprise ; mais, dit fort bien l'auteur du mercure, quels entrepreneurs, quels desseins ne suppose-t-elle pas ?

Le 7 décembre, les administrateurs du département du Finistère dénoncent tous les ministres comme des traîtres. On demande les preuves : Chabot n'en veut point, en assurant que Bertrand,

(1) *Voyez* Mallet Dupan, 10 Décembre 1791.

l'un des dénoncés est venu, *non se blanchir, mais se noircir par ses insolences*. Le 10, les citoyens de la halle au bled déclament à la barre ces phrases révolutionnaires : « un décret digne de la majesté du peuple, lancé par vous, alloit foudroyer les brigands ; le restaurateur de la liberté fait usage du *veto*, et c'est pour sauver les conspirateurs. Le *veto* ne peut que suspendre, jamais anéantir ; dans la circonstance, le roi ne suspend point, il anéantit la loi ; ce n'est plus un appel au souverain, le roi en prend la place, en usurpe l'autorité, et le *veto* de la constitution n'est plus qu'une lettre de cachet... Le jour approche où l'on agitera d'autres questions qui pourront naître de l'immense responsabilité dont le roi s'est grevé gratuitement. »

Je prie de nouveau le lecteur de ne pas perdre un seul mot des extraits de ces pétitions payées par les factieux ; on y trouvera la théorie et la pratique de la révolution tout à la fois. J'ai déjà observé que ces adhésions mendiées ne prouvoient absolument rien en faveur des nouvelles loix ; elles attestent au contraire que les Français ont été précipités dans le plus dur esclavage, puisque c'est tout au plus la vingt-cinquième partie de la nation qui adhère volontairement à la subversion de tous les principes et de toutes les propriétés, et qui condamne une majorité immense à tout souffrir sans se plaindre.

Le 11 décembre les sections de Paris, ou plutôt le petit nombre d'individus qui se sont arrogés le droit de les tyranniser, ayant le fameux *Legendre* pour orateur, dénoncent le directoire du département qui avoit fait une pétition au roi, pour qu'il refusât sa sanction au décret contre les prêtres : « souveraine de 24 millions d'hommes, la liberté doit rouler les tyrans dans la poussière, et fouler les trônes qui ont écrasé le monde... Faites forger des millions de piques, armez-en tous les bras; annoncez à tous les départemens ce décret vraiment martial. » La minorité combattit vainement la mention honorable pour ces attentats à la constitution. Cambon prétendit que le peuple avoit manifesté son vœu, comme si la France se trouvoit dans Paris, et Paris dans les tribunes de l'assemblée.

Le 20, nouvelle guerre contre le roi pour anéantir son *veto*. Approbation donnée au département de la Loire inférieure, qui usurpe le droit de faire des loix, et qui ne tient aucun compte des ordres donnés par le pouvoir exécutif. Le 4 février 1792, déclamations contre l'impolitesse de la cour, lorsqu'une députation des législateurs se rend au Tuileries; rapport fait par le feuillant Goguerau, sur les pétitions applaudies et honorablement mentionnées qui ont dénoncé celles du département de Paris. « Quest-ce que cette espèce de corsaires, dit l'orateur, qui se sert du nom du peuple pour faire quelques prises sur le vaisseau de l'état, comme autrefois on se servit du nom du roi, pour fouler aux pieds les lois et la justice? le peuple français est-il dans quelque département, dans quelques sections, dans quelques *clubs*? Le peuple est soumis aux autorités constituées; il est l'esclave de la loi; insulter à ceux qu'il a revêtus de sa puissance, c'est insulter à la majesté nationale. Disons plus, ces mots de majesté, de souveraineté du peuple, ont été compromis à tel point, qu'on ose à peine les prononcer aujourd'hui, dans la crainte de se rendre complice de cette profanation; le nombre total des signatures qui se trouvent à la fin des pétitions, ne monte pas à plus de 1500. »

Ces réflexions tardives, approuvées par un parti jadis révolutionnaire et zélateur de la constitution, furent accueillies par les clameurs les plus indécentes et par des coups de sifflets. On cria sans cesse *à bas les ministériels*, *à bas la liste civile*. Ces faits concourent à prouver le projet bien formé, d'envahir l'autorité royale, et de faire disparoître les restes chancelans de la monarchie. Dans le même tems on accorda aux comités et aux départemens le droit de surveillance sur les ministres créés au contraire pour être eux-mêmes surveillans et garans de l'exécution des lois. Le patriote Carra promit aux corps administratifs l'approbation de la législature, s'ils exécutoient les lois non-sanctionnées. On supprima en outre les dernières marques de respect qu'employoit l'assemblée, en écrivant au roi.

Le 11 février, Thuriot demanda que la nomination des capitaines et des troupes de ligne, accordée au roi par la coustitution, fût remise aux soldats.

L'assemblée constituante avoit accordé une garde au roi : on fait naître des incidens, d'abord pour empêcher sa formation, ensuite pour qu'elle ne soit pas en exercice, lorsqu'elle est formée. Le *vertueux* Pétion consulte le corps législatif pour savoir s'il n'y auroit pas du danger à exiger un serment d'hommes armés. On ne s'étonnera pas de l'empêchement que les républicains mettoient à la garde constitutionnelle de Louis XVI, lorsqu'on se rappellera les moyens qu'ils ont employés pour la dissoudre. Ils craignoient qu'un corps de militaires dévoués au roi ne fût un obstacle à son détrônement.

Le 16 on dénonce le roi comme le premier agioteur du royaume, et le lendemain, comme fabricateur de faux assignats.

Le 24, Pétion vient présenter ses hommages. Il conseille à la législature de prendre une attitude fière et imposante, et de ne pas écouter ces conseils pusillanimes qui perdent tout, parce que la nation n'attend que le signal. Le 25 il prend sous sa protection 12 déserteurs du régiment d'Alsace, que le ministre de la guerre vouloit faire mettre en prison. Le 29 Couthon conseille à ses collègues de se populariser, en rendant souvent des décrets dans le sens de ceux qui ont le plus intéressé le peuple à la révolution. En conséquence, il propose d'abolir les droits que l'assemblée constituante avoit déclaré rachetables.

Le 6 mars on applaudit à outrance à ces phrases d'un orateur du fauxbourg Saint-Antoine, au nom des hommes du 14 juillet : « c'est toujours du pied du trône que le fleuve de la corruption se répandra dans toutes les veines du corps politique. L'assemblée peut compter sur le secours des piques les vertus du peuple... L'éponge des siècles peut effacer du livre de la loi le chapitre de la royauté. Les rois, les courtisans, les ministres, la liste civile passeront, mais les droits de l'homme, la souveraineté nationale et les piques ne passeront jamais. » Le 10, Ramond propose de déclarer au roi que le système de son ministère paroît à l'assemblée incompatible avec l'établissement de la constitution, et ne sauroit mériter la confiance du peuple. Brissot accuse le roi d'avoir fait dans son message du 28 février, un triple mensonge, et finit par lui prescrire des négociations, que tous les sermens ne déféroient qu'au roi seul. Le 12, violentes apostrophes contre le roi qui garde un ministre (M. de Bertrand) qui a mérité de porter sa tête sur l'échafaud, et renvoie un ministre qui faisoit agir les loix (M. de Narbonne qu'on a depuis décrété d'accusation). La garde constitutionnelle de Louis XVI entre en exercice; Chabot, Brissot, Fauchet, Pétion, etc. répandent le bruit qu'elle n'est composée que d'aristocrates; on insulte les nouveaux officiers; on vomit les plus infâmes turpitudes sous les fenêtres du château, dans les cours, dans le jardin, contre la famille royale.

Le 9 avril, réception amicale faite dans l'assemblée aux suisses de Château-vieux, qu'un décret d'amnistie avoit délivrés des galères; le 15, fête triomphale en l'honneur de ces 40 galériens, ordonnée par Pétion, malgré les réclamations de la garde parisienne, et où l'on entendit répéter à outrance : *vivent les sans-culottes, vive Pétion*. Le 20, le roi se rend à l'assemblée pour proposer la guerre contre l'Autriche. On crie : *vive le roi. Allez plus loin crier vive le roi*, disent à l'instant une foule de républicains. Le 12 mai, le ministre de l'intérieur se plaint d'une quantité innombrable d'étrangers suspects qui se rendent journellement à Paris. Comme c'étoient les brigands de Marseille et d'Avignon que le vertueux maire de Paris appeloit pour l'affaire du 20 juin où devoit s'opérer la révolution du 10 août, Bazire prétend que ce sont les prêtres qui veulent frapper un grand coup. On commence le même jour les dénonciations contre la garde nationale, la garde du roi et les gardes-suisses. Kersaint leur reproche de pourchasser tous les patriotes du jardin des tuileries. Un rapport sur ces griefs les justifie jusqu'à nouvelle attaque. Pétion fait afficher un placard intitulé : *dix millions de français à l'assemblée nationale*, dans lequel on demande en style civique l'armement des ouvriers, des gens sans état, et leur incorporation dans les gardes nationales, afin d'opposer une résistance suffisante aux tyrans ligués contre la liberté des peuples.

On venoit d'éprouver plusieurs échecs de la part des ennemis. C'étoit le cas de tonner contre le pouvoir exécutif qui n'avoit pas empêché les autrichiens de battre les patriotes. C'étoit le moment de perdre le roi dans l'esprit du peuple, et les républicains n'y manquèrent pas. Isnard à leur tête déclama d'abord contre l'assemblée constituante qui avoit laissé dans la même main qui nous tenoit jadis dans l'esclavage, les deux pouvoirs, le fer qui tue et l'argent qui corrompt. « Je crois, dit-il, que l'appui caché du systême de contre-révolution, le cerveau de ce corps monstrueux, c'est là cour .... J'entends par ce mot redoutable; non seulement le roi, mais sa femme, sa famille entière, le conseil secret, toute la troupe nobilière qui l'entoure, et cette espèce de gens qui profitent autant de la royauté que le roi lui-même. Ce conseil travaille à la contre-révolution .... La liberté n'est jamais achetée trop chèrement; et quelques gouttes de sang versé ne se connoissent pas dans les veines du corps politique, etc. » Tous les journalistes jacobins, tous les amis de la république de concert avec Isnard, publièrent les trahisons prétendues de la cour, et l'existance d'un comité autrichien. Carra écrivit dans ses annales politiques : « nous n'avons à faire d'autre observation, sinon qu'il n'y a plus de doutes, et d'après la lettre que je viens de rapporter, et d'après ce que nous avons déja annoncé dans nos feuilles, que le projet d'une seconde évasion du roi, et le complot d'une Saint-Barthélemi ne soient fortement concertés, et sur le point d'éclorre. Ainsi, que tous les citoyens, dès aujourd'hui, se tiennent armés et sur leurs gardes : que toutes les sociétés des amis de la constitution se rassemblent, tiennent jour et nuit leurs séances, et préviennent sur-tout dans le département de l'Aisne, tous les habitans des villes et des campagnes de veiller aux voitures qui partiront : c'est ici le cas de préparer sur-le-champ des feux sur les hauteurs, et le tocsin de toutes les églises ». Ces calomnies qu'on ne doit pas avoir oublié, car elles valurent un décret d'arrestation contre le juge de paix la Rivière, qui avoit reçu plainte contre le journaliste et les trois députés qui avoient fait la leçon à ce dernier, Merlin, Bazire et Chabot ; ces calomnies, dis-je, furent répétées par toutes les bouches, et regardées comme des vérités par la populace qui croit tout, même à sa liberté, lorsqu'elle est esclave. Elles servirent à entretenir dans la capitale une fermentation nécessaire pour frapper les grands coups qu'on méditoit. La garde nationale et la garde du roi sembloient devoir y mettre obstacle ; delà la suppression de l'une, et la désorganisation totale de l'autre. Pour l'effectuer, comment s'y prirent les meneurs ? ils supposèrent l'existence d'un comité autrichien, et Guadet crut qu'elle étoit assez prouvée par le titre de *ministre d'état* que Bertrand et Montmorin avoient pris. Le roi, pour assoupir ces rumeurs mensongères, écrivit à l'assemblée la lettre suivante :

» J'ai

« J'ai chargé, M. le président, le ministre de la justice de faire part à l'assemblée nationale de l'ordre qu'il vient d'adresser de ma part à l'accusateur public, au sujet du prétendu comité autrichien : il importe au bien de l'état que cette affaire soit parfaitement éclaircie. Je pense que l'assemblée nationale ordonnera de communiquer au tribunal les renseignemens que plusieurs de ses membres ont dit avoir sur cette affaire. Elle sentira aisément l'inconvenance qu'il y a de recevoir de pareilles dénonciations, de n'en laisser percer que ce qui peut entretenir les soupçons dans le public, et le danger de m'en laisser ignorer les auteurs ».

Gensonné dénonça le lendemain cette lettre du roi. Il prétendit qu'elle étoit injurieuse au corps législatif, dangereuse pour la sûreté publique, attentatoire à la constitution, et une preuve de plus de l'existence du comité autrichien. Pétion alors renouvella les faux bruits d'un nouveau départ de Louis XVI. C'étoit le 23 mai. Le roi écrivit au département et à la municipalité. « M. le maire prévient d'inquiétude le commandant de la garde nationale sur mon départ pendant la nuit, fondé, dit-il, sur des probabilités et des indices. Il mêle cette nouvelle avec des bruits de mouvemens et d'émeutes, et lui ordonne de multiplier les patrouilles et de les rendre nombreuses. Pourquoi M. le maire sur de pareils bruits, donne-t-il des ordres, et ne m'en fait-il rien dire, lui qui, par la constitution, doit faire exécuter sous mon ordre les loix pour le maintien de la tranquillité publique. A-t-il oublié la lettre que j'ai écrite à la municipalité de Paris, au mois de février dernier ? Vous reconnoîtrez aisément que ce bruit, dans les circonstances présentes, est une nouvelle et une horrible calomnie, à l'aide de laquelle on espère soulever le peuple, et l'égarer sur la cause des mouvemens actuels. Je suis informé de toutes les manœuvres qu'on emploie pour échauffer les esprits, et m'obliger à m'éloigner de la capitale. Mais on le tentera en vain. Lorsque la France a des ennemis à combattre au dedans et au dehors, c'est dans la capitale que ma place est marquée; c'est là, que j'espère parvenir à tromper l'espérance coupable des factieux...... Je serai toujours tranquille sur les évènemens qui pourront arriver; et quelque chose que l'on fasse, rien n'altérera ma sollicitude et mes soins pour le bien du royaume. »

Pétion eut l'audace de faire à cette lettre une réponse qui fut placardée au-dessus de celle du roi, et les afficheurs, suivant les ordres qu'ils en avoient reçus, couvrirent d'immondices la lettre de Louis XVI (1). Tout étoit disposé par les républicains pour perdre le roi. On se ménagea des dénonciations: on fit écrire les municipaux de Neuilly, qu'une douzaine de soldats gardes-suisses avoient pris la cocarde blanche, et maltraité les citoyens. Dans le même tems, arrive un volumineux procès-verbal de la municipalité de Saint-Cloud, qui constate que l'infortuné Laporte a fait brûler 52 ballots de papier dans le four de peinture de la fabrique de porcelaine de Sêves, et que les précautions prises annoncent un délit criminel. On reparle aussitôt du comité autrichien; on allume la fureur du peuple, en publiant que ce sont les archives de ce comité qu'on avoit brûlé. On vient aux enquêtes, et il se trouve que c'étoit une édition entière des mé-

(1) J'invite les lecteurs à se procurer le compte rendu à ses concitoyens par Jerôme Pétion. Ils y verront des choses fort étranges. « Il (le roi) écrivit et placarda contre moi une lettre très-platte et fausse en principes. Je lui fis une réponse que je placardai de même, et qui eut du succès. Cette guerre polémique, entre un roi et un simple maire, étoit un exemple nouveau : il ne fut pas inutile, et fit plus d'impression chez l'étranger qu'en France même ». Ainsi parle Jerôme.

moires de madame Lamothe, qu'on a réimprimés en dernier lieu. On annonce comme une chose indubitable, puisque le vertueux Pétion en avoit donné la nouvelle, que les agens de ce comité, M. de Montmorin et Mde. de Lamballe s'étoient enfui en Angleterre. Ah! plût à Dieu qu'ils n'eussent pas resté dans leur malheureuse patrie! leur absence auroit épargné deux crimes qui font frémir, et ils vivroient encore pour la justification de Louis XVI: Une lettre de M. de Montmorin prouva bientôt qu'il n'étoit pas éloigné de Paris. Mais les têtes avoient déjà été échauffées, et c'étoit beaucoup. Il s'agissoit d'entretenir la fermentation. Chabot s'engage alors à prouver (ce qui est absurde, et ce qu'il n'a jamais fait), qu'il y a 60,000 cocardes blanches commandées à Paris, et que des officiers crient sous les portes des Tuileries: *à bas la nation*. Bazyre accuse la garde du roi de n'être composée que de prêtres réfractaires, d'émigrés, et de pas un seul individu éligible aux termes de la constitutiou. Que faire dans des dangers aussi pressans? L'assemblée déclare sa séance permanente. Le 29 mai, c'étoit le lendemain de cette déclaration, une foule considérable de gens avec des piques, des bâtons, et les autres armes qui figuroient si bien dans la journée du 6 octobre, se rendirent dans la matinée au château des Tuileries. On provoqua la garde du roi par les injures les plus atroces ; on planta au-dessus de la porte du château, le drapeau aux trois couleurs, et le bonnet rouge. L'air retentit de vociférations affreuses et d'imprécations contre la famille royale; on prêchoit à haute voix le régicide ; on cherchoit des Brutus. Et le vertueux Pétion, qui six jours auparavant avoit trouvé tant de soldats pour empêcher la fuite supposée de Louis XVI, ne voulut trouver personne pour s'opposer à ces horribles attentats. Il vint, le matin même où ces horreurs se commettoient, dire à la barre de l'assemblée : « Paris est le rendez-vous de gens sans aveu, de mécontens et d'ennemis de la chose publique... Il semble qu'on se fait le systême pernicieux de dépraver l'opinion.... Cet attentat moral doit être réprimé par vous. Tout annonçoit une crise violente.... Vous avez parlé, les citoyens de Paris se sont tous levés.... La garde nationale a montré le zèle le plus actif. On est sûr de la trouver dans le chemin de l'honneur et de la loi.... La masse des citoyens est excellente.... Les hommes du 14 juillet existent encore... La nuit a été calme, et rien ne présage un jour orageux (*les séditieux s'étoient déjà réunis au château*). Montrez-vous constamment grands, constamment inflexibles ; gardez toujours l'attitude imposante qui vous convient. Déployez votre caractère, et alors soyez tranquilles »

Enfin, d'après le rapport de Bazyre, rapport qui ne contient que des *ouï dire*, où il n'y a pas le moindre fait de prouvé, où tout concourt à démontrer l'innocence des accusés et la fourberie du rapporteur, on prononce le licenciement de la garde constitutionnelle du roi, de cette garde qui n'étant composée que de 1,800 hommes, ne pouvoit raisonnablement être supposée dangereuse pour la liberté publique; mais on craignoit que dans l'attaque du château projetée pour le 26 juillet (1), elle n'intimidât les patriotes.

---

(1) Je fus heureusement instruit d'un projet formé à la hâte, légèrement entrepris, de se porter le 26 au château pendant la nuit, pour s'emparer du roi et le constituer prisonnier. Un chef qui devoit se mettre à la tête d'une des colonnes, vint me prévenir du plan et m'en donna tous les détails. Des officiers municipaux de Versailles entrèrent au même moment pour me confier que leur garde nationale avoit été sollicitée de e trouver à un endroit indiqué; mais qu'elle n'en feroit rien sans mon agrément. Dans ce même moment aussi, j'appris, à n'en pouvoir douter, que la cour avoit une parfaite connoissance de tout ce qui se passoit, et qu'on étoit en force aux thuileries pour repousser les assaillans.

Je me rendis à la hâte sur l'emplacement de la bastille, qui étoit le point de ralliement. Je haranguai les citoyens; je les détournai de leur entreprise. Je fus de là au faux-

Le licenciement de la garde du roi ne suffisoit pas pour effectuer en toute sûreté l'insurrection qu'on méditoit, mais dont le jour n'étoit pas encore fixé. Servan, ministre de la guerre, qui étoit sans doute dans le secret dont parle Pétion, sans consulter le roi, dans la dépendance duquel la constitution l'avoit placé, proposa à la législa-

---

bourg Saint-Marceau, qui devoit se réunir à celui de Saint-Antoine : j'en fis autant. Les mesures étoient si mal concertées, que les citoyens de ce fauxbourg étoient à peine avertis, et qu'ils étoient convenus de ne pas marcher. L'aveuglement de ceux qui avoient conçu le projet, étoit tel, que le lendemain matin, lorsque tout étoit connu, ils vouloient encore le mettre à exécution ; et j'eus beaucoup de peine à ramener le calme.

J'avois évité les plus grands maux, et néanmoins dans ces momens de délire, un assez grand nombre de citoyens ne sut pas apprécier ma conduite. Les uns crurent que ce que j'avois fait avoit été uniquement pour remplir le devoir impérieux du magistrat, d'autres s'imaginoient que je n'étois pas *initié dans les secrets*, et que je contrariois leurs vues sans le savoir ; plusieurs pensèrent qu'une indulgence mal entendue m'avoit porté à des ménagemens qui n'étoient pas d'un homme d'état.

Ils étoient tous dans l'erreur ; ils ne connoissoient pas la véritable position des choses ; ils ne consultoient que leur enthousiasme, et leur précipitation auroit tout perdu. Autant je redoutois tout mouvement partiel, autant je sentois qu'*une insurrection étoit nécessaire*, et que dans tous les cas elle étoit inévitable. Il étoit donc de la plus haute importance de la préparer, de la calculer avec sagesse, et de prendre toutes les précautions possibles pour en assurer le succès. (*Compte rendu par Jerôme Pétion à ses concitoyens*, pages 21 et 22.)

ture un rassemblement de vingt mille hommes armés, pour faire auprès du monarque et de l'assemblée le service de la garde parisienne, dont on enverroit une partie aux frontières, et dont on livreroit les canons à ces nouveaux venus. La garde parisienne sentit le coup. Elle voulut faire des pétitions, des remontrances; elle fut éconduite avec audace et même avec dédain. On devoit s'y attendre dans une ville corrompue, dont les habitans incapables d'un effort généreux, avoient été depuis trois ans les stupides témoins de la tyrannie qu'on leur préparoit.

Servan et Clavière furent congédiés; Roland le fut aussi; mais ce dernier, sans doute pour calmer la multitude exaspérée contre Louis XVI, envoya à l'assemblée la copie d'une lettre billeuse, insultante, remplie de reproches sans fondement et astucieusement présentés, qu'il avoit écrite à ce malheureux prince. On en décréta l'insertion au procès-verbal et l'envoi aux 83 départemens. C'étoit le 13 juin. Dès-lors tout fut employé pour forcer le rappel des ministres patriotes, comme en 1789 on avoit forcé le rappel de Necker. On décréta qu'ils emportoient les regrets de la nation. Le surlendemain on accueillit une pétition venue de Bouzonville, où l'on demandoit que le roi sanctionnât le décret contre les prêtres, sous peine de perdre la couronne.. Le 17, des citoyens solliciterent le licenciement de l'état-major de la garde nationale parisienne, parce qu'il étoit plein, dirent-ils, d'une aristocratie infecte. La section, dite la Croix Rouge obtint les honneurs de la séance, en se plaignant du refus du roi de sanctionner *deux décrets utiles*, l'un contre les prêtres, l'autre pour le camp de 20,000 hommes, et de l'expulsion de trois *bons ministres.* « Cette inconcevable exactitude, dit l'orateur, à opposer sans cesse le mal au bien, ne peut plus se tolérer. Il faut reporter la terreur dans l'ame des conspirateurs. ». Le 19 au matin, Duquesnoy s'emporta d'une manière étrange contre le roi, et dit bien positivement que les français devoient mettre entre les mains de leurs représentans le glaive pour l'exterminer. Le soir du même jour, on accorde tous les honneurs possibles à une lettre écrite par les citoyens de Marseille, qui annoncent que *le jour de la colère du peuple est arrivé, que las de parer des coups, il est à son tour prêt d'en porter ; qu'il veut marcher avec des forces imposantes vers la capitale, et finir une révolution qui est son salut et sa gloire.* Et le jour où l'on bravoit ainsi et Louis XVI et la constitution, étoit la veille du 20 juin ! Et on douteroit que cette journée affreuse ait été préméditée ? Le ministre de l'intérieur en avoit même instruit l'assemblée, en lui envoyant un arrêté du département de Paris, relatif au complot qui se tramoit. Dès le 16, les brigands, car il n'est pas possible de donner un autre nom aux héros de cette journée; les brigands des fauxbourgs Saint-Antoine et Saint-Marcel avoient demandé au conseil-général de la commune d'être autorisés à se réunir en armes, le mercredi 20, pour aller présenter au roi des pétitions relatives aux circonstances, et sur le refus du conseil-général, ils avoient déclaré hautement qu'ils ne laisseroient pas de poursuivre leurs projets. Le directoire enjoignit Pétion de faire toutes les dispositions de force publique nécessaires pour contenir et réprimer les perturbateurs du repos public. Et Pétion, au lieu d'exécuter la loi et de se conformer à l'arrêté du directoire, proposa de légaliser l'attroupement en autorisant les bataillons à marcher, et à réunir sous leurs drapeaux et sous le commandement de leurs chefs, des hommes pour la plûpart inconnus et sans aveu, sans subordination et sans discipline, armés de fourches, de piques, de bâtons ferrés, mêlés de femmes et d'enfans, et en état de rébellion ouverte, puisqu'ils s'étoient armés non seulement sans réquisition, mais même au mépris des défenses des magistrats (1). Pourquoi cette réunion sur laquelle le maire insista à deux reprises, si elle n'étoit pas pour rendre inactive toute force réprimante par le mêlange de la garde nationale avec cette troupe séditieuse? Pourquoi ce vertueux Pétion ne vint-il au château qu'à six heures du soir, quatre heures après que les rébelles avoient pénétré dans l'appartement du roi? Pourquoi les autres officiers municipaux ne firent-ils aucune réquisition à la garde nationale qui avoit fait des dispositions de défense, que la sûreté du roi rendoit indispensables? Pourquoi signifia-t-on à cette garde nationale de laisser le passage libre à la troupe? Pourquoi un commandant de bataillon se trouva-t-il à la tête des assassins? Pourquoi Vergniaud, lorsque Rœderer vint avertir l'assemblée qu'il étoit instant d'écarter du château les dangers qui il menaçoient, ne vit-il que du *civisme* dans l'attroupement, et demanda-t-il que les pétitionnaires armés fussent reçus à la barre. Pourquoi lorsque Dumolard voulut faire revivre le décret qui borne toute députation à dix citoyens sans armes, fut-il

(1) *Voyez* l'arrêté du conseil du département, sur les événemens du 20 juin, du 6 juillet 1792.

couvert de huées ? Pourquoi l'assemblée écouta-t-elle avec transport le discours audacieux de Santerre ? Pourquoi laissa-t-elle défiler dans la salle une cohorte immense d'assassins, dont l'un soutenoit au bout de sa pique dégoûtante un cœur de veau avec cette inscription : *cœur d'aristocrate ;* un autre qui portoit un écriteau en papier où étoient ces mots : *avis à Louis XVI.... Le peuple est las de souffrir.* Un troisième qui laissoit lire sur un carton orné de rubans aux trois couleurs : *tremble tyran, ton heure est venue.* Pourquoi n'empêchoit-elle pas les blasphêmes affreux vomis contre Louis XVI et la royauté, et pourquoi certains de ses membres qui siègent aujourd'hui dans la convention, se faisoient-ils un plaisir d'ajouter encore des sarcasmes à cette expression d'un patriotisme révoltant ? Pourquoi dans la séance du soir, lorsque Beaucaron dit que la vie du roi étoit en danger, entendit-on cette exclamation d'indifférence, de mépris et même de joie : *ah ! bah ! bah !* Comment Thuriot dans cette crise violente, osa-t-il prononcer ces paroles faites pour allumer davantage la fureur du peuple : *Louis n'a qu'à se bien comporter, et le peuple ne se portera point chez lui.* Pourquoi ces vociférations, dès qu'un député parloit d'aller sauver le roi ? Pourquoi, lorsque le parti *feuillant* força le parti républicain à envoyer une députation au château, Lasource dit-il qu'on avoit grand tort de craindre pour le roi, et que 24 membres suffisoient pour lui témoigner l'intérêt que l'assemblée prenoit à sa personne; intérêt, ajouta-t-il, qui ne devoit pas entraîner à des craintes d'un attentat sanguinaire ? Pourquoi le lendemain, lorsque les tuileries furent menacées d'une nouvelle invasion, et qu'on demanda que l'assemblée se rendît toute entière chez le roi, Cambon vota-t-il pour que chacun mourut à son poste *sur le prétexte que le corps législatif ne doit jamais empiéter sur le pouvoir exécutif.* Pouvoit-on pousser la dérision et l'impudence aussi loin ? Vous saviez bien que ce n'étoit pas vous qui étiez menacés. Vous aviez arrangé l'insurrection, et si quelqu'un en doutoit encore après les preuves que nous en avons déja donné, les meilleurs révolutionnaires, ceux qui sont les plus conséquens dans les principes que vous débitez depuis quatre ans, comme des découvertes heureuses pour le genre humain, mais qui ne sont utiles qu'à vous seuls, et à tous les fripons, Robespierre, par exemple, lèvera toute incertitude à cet egard. Voici ce qu'il dit dans sa lettre à Jérôme Pétion : » N'est-il pas vrai que le but annoncé du mouvement du 20 juin, étoit le rappel des ministres Clavière et Rolland ? N'est-il pas vrai que ces ministres étoient les amis intimes de Brissot et Guadet, et les vôtres, et qu'ils avoient été placés par ce parti ? N'est-il pas vrai que ce mouvement étoit prédit huit jours d'avance, et que le jour même en étoit fixé ? N'est-il pas évident qu'il vous étoit beaucoup plus facile de le prévenir, que de retarder, comme vous l'avez fait, l'insurrection générale du mois d'août ? N'est-il pas vrai que vous deviez au moins faire, pour l'empêcher, les mêmes efforts que vous avez prodigués, pour arrêter la révolution ? Ne sont-ce pas ces mêmes hommes qui, de l'aveu de tout Paris, ont mis tout en œuvre pour le provoquer, même sans se mettre en peine de dissimuler leurs projets ? Que dis-je ? la manière même dont vous vous défendez là-dessus, n'est elle pas un aveu ? » (1) Ainsi les instigateurs de la journée du 20 juin sont assez connus. Ainsi la scission qui a eu lieu dans la société des jacobins, les querelles, où l'on a vu ces chauds patriotes se disputer la propriété du crime, ont servi à déchirer le voile obscur derrière lequel se cachoient les tyrans.

---

(1) Lettres de Maximilien Robespierre à ses commettans, n°. X, pages 444 et 445.

Il n'entre pas dans mon plan de rappeler toutes les amertumes dont fut abreuvé Louis XVI. Elles sont d'ailleurs trop récentes pour être oubliées. On se souvient certainement encore du bonnet rouge que lui mit brutalement sur la tête le fameux *boucher*, Legendre, député à la convention ; on se souvient des bayonnettes et des piques qui furent dirigées contre sa poitrine pendant les trois ou quatre heures que dura la visite de quinze ou vingt mille individus farouches et hideux. Mais on a perdu le souvenir de la tranquillité d'ame et du courage avec lesquels Louis XVI se montra à ses assassins. On a perdu le souvenir de ces belles paroles que nos neveux répéteront avec attendrissement, en plaignant un si bon prince d'être né sous une race si perverse : *l'homme qui a la conscience pure*, dit-il à un député qui cherchoit à le rassurer, *l'homme qui a la conscience pure ne craint rien ;* et prenant la main d'un grenadier, il la porta sur son cœur : *voyez*, lui dit-il, *s'il bat plus fort qu'à l'ordinaire, et s'il annonce la moindre frayeur.*

Examinons à présent ce qui s'est passé jusqu'au 10 août, et on pourra décider alors en toute sûreté quels sont les vrais usurpateurs de la souveraineté nationale, les vrais coupables, et ceux sur lesquels devroit peser la justice la plus terrible. Si je démontre que c'est le parti républicain de l'assemblée qui ne faisoit qu'un avec Pétion, Santerre et les Jacobins, dès-lors Louis XVI est innocent..... Déjà on a vu, par le tableau raccourci des principales séances de la législature, qu'il existoit un parti bien prononcé, qui, malgré ses sermens et ceux de la France entière, vouloit à toute force anéantir la constitution monarchique; c'est ce parti qui a continuellement harcelé le ministère et avili la royauté, qui a supprimé la garde de Louis XVI, qui a supposé l'existence absurde d'un comité autrichien, qui a préparé la journée du 20 septembre, dont nous venons de parler, et qui a comploté à Charenton celle du 10 août. C'est ce parti qui, d'abord en horreur à tous les Français, a accru son crédit en donnant une latitude immense à la souveraineté du peuple, s'est ensuite investi de l'opinion de ceux qui gouvernent dans les départemens, et en représentant ses adversaires comme des hommes corrompus, a fini par usurper tous les pouvoirs et introduire en France une tyrannie que n'exerça jamais le plus grand despote qu'on connoisse.

Les réclamations contre la journée du 20 juin furent générales dans tout l'empire : sur 83 départemens, soixante et onze écrivirent à la législature

pour

pour demander la punition des séditieux qui avoient offensé la loi si scandaleusement. Le département de l'Eure écrivit : « Qu'elle est donc cette faction puissante qui, enfreignant toutes les lois, et bravant avec audace les autorités constituées, envoie insolemment de dociles émissaires violer la majesté nationale, et dicter en quelque sorte des lois à ceux qui sont envoyés pour en faire ? Qu'ils sont criminels ceux qui dans le temple même de la constitution osent prêcher des lois de sang, canonniser la révolte et déifier l'anarchie ! législateurs, la patrie est en danger, une secte impie étend sur toute la France ses trames criminelles, et ose rivaliser avec les autorités constituées. Elle les foule aux pieds, elle lève le masque, vante ses affreux triomphes ; elle sent son pouvoir, elle peut tout oser, elle osera la ruine de l'empire ». (Prophétie qui ne s'est hélas que trop vérifiée !) vingt mille citoyens de Rouen souscrivirent une adresse pleine d'expressions d'amour et de fidélité à Louis XVI. Un journaliste, excellent écrivain, observe fort à propos que c'est *une de celles qui sont les moins farcies des sentences révolutionnaires, après celle du département de la Somme qui fut comme de raison dénoncée à l'assemblée.* » Sire, disoient ces courageaux citoyens, l'attentat qui vient d'être commis contre votre majesté nous a pénétrés d'indignation. Les lois doivent se hâter de frapper les chefs insolens de cette horde séditieuse qui confond tout et veut tout usurper... Nos représentans sont le corps législatif et le roi; votre réunion seule peut faire des lois; nous ne souffririons point qu'on gênât la liberté de nos députés pour décréter; nous ne souffrirons jamais qu'on gêne la vôtre pour consentir; maintenez donc, sire, avec une inébranlable fermeté le pouvoir qui vous est confié, n'en sacrifiez rien, il n'est point à vous, c'est le nôtre. Votre prospérité est attachée à celle de la France; vous ne pouvez être grand que par la grandeur du peuple qui vous a fait son chef. Défendez donc avec courage notre sublime constitution; vous avez juré de la conserver, et nous la voulons toute entière ».

Tel étoit le vœu de toute la France; l'accord étoit unanime sur la punition des factieux, et la douleur étoit générale au sujet des attentats commis envers le roi. Ces attentats avoient même fait à la cour de nouveaux partisans (1). Comment se fait-il qu'au bout de six semaines les esprits aient changé? Ah! ils ne le sont pas encore,

(1) Compte rendu par Jerôme Pétion à ses concitoyens, page 18.

et la grande majorité de la nation conserve toujours un zèle ardent, un amour sincère pour son bon roi; mais elle a été dominée par la terreur et les moyens affreux que des brigands ont employés pour dissoudre la monarchie et cimenter sur ses ruines leur société criminelle ont bientôt détruit des résistances nombreuses mais partielles, des résistances qui n'étoient ni combinées, ni dirigées par un même chef; leur plan a donc été d'en imposer à la partie du peuple qui avoit le plus à perdre, et de frapper sur elle à coups si redoublés, qu'elle en vînt à se persuader, que chaque mouvement de sa part ameneroit de nouvelles proscriptions (1). Delà ces déclamations continuelles, ces menaces de cannibales contre les signataires des pétitions, quoiqu'ils fussent au nombre de plus de 30,000. Delà l'impunité accordée aux auteurs bien connus d'un placard affiché dans les quatre fauxbourgs, où l'on lisoit : *les hommes du 14 juillet viennent vous dénoncer un roi faussaire, coupable de haute trahison, indigne d'occuper le trône; nous demandons que le glaive*

(1) Le plan que s'étoient tracé les premiers désorganisateurs de l'assemblée constituante étoit absolument semblable. Voyez d'Entraigues : *Quelle est la situation de l'assemblée nationale?* page 11.

de la justice frappe sa tête. Si vous vous refusez à nos vœux, nos bras sont levés, et nous frapperons les traîtres par-tout où nous les trouverons, même parmi vous. Delà, la tête des députés feuillans qu'on demandoit à grands cris, afin de les intimider et d'étouffer leurs voix dans l'assemblée nationale. Delà les injures et les reproches d'aristocratie contre l'état-major de la garde parisienne. Delà l'impunité de tous les crimes, et la promesse d'établir en France la loi agraire. Delà enfin, le morne silence et l'abattement de tous les gens sages et éclairés. Et après nous avoir tyrannisé jusqu'au point de regarder les soupirs comme un crime, on ose se prévaloir de ce que pas une voix n'a fait entendre de réclamation! on ose accuser Louis XVI au nom du peuple Français! Ah! il n'y en a pas la vingtième partie, et s'il ne s'est point trouvé de femme généreuse, comme Ladi Fairfax, qui ait fait entendre cette triste vérité à la convention, vingt millions de voix la répéteront dans tout l'empire.

Les républicains, sans égard au vœu des départemens, poursuivirent avec plus d'audace que jamais la destruction de la monarchie; le 30 juin ils tressaillirent de joie, en apprenant que le conseil général de la commune de Toulouse avoit ordonné le départ de plusieurs bataillons pour

Paris, quoique le décret n'eût pas été sanctionné. C'étoit l'arrivée de ces *braves Marseillois* qu'ils attendoient pour établir la république. Afin de leur donner moins de peine, on s'occupa de la désorganisation totale de la garde parisienne; on cassa son état-major, sur des inculpations vagues; on proposa de réduire le nombre des bataillons; on employa en même-tems tous les moyens d'exalter la fureur populaire, de donner une nouvelle ardeur à son fanatisme. On planta dans toutes les grandes rues, dans toutes les places, devant tous les corps-de-garde, d'immenses *mais* décorés d'inscriptions civiques, c'est-à-dire, sanguinaires; on publia avec profusion des pamphlets où l'on demandoit la destruction de la royauté; on faisoit chanter dans toute la capitale, à l'entrée de la salle de la législature, sous les fenêtres mêmes des tuileries, des chansons abominables, où le roi et la reine étoient vilipandés. Deux orateurs que tout Paris a vu montés sur des traiteaux, débitoient, sur la place du Carrousel, au Palais-royal, dans toutes les promenades publiques, les calomnies les plus atroces contre la famille royale: ils prêchoient ouvertement la république et la sainte insurrection. Quand on voulut licencier la garde constitutionnelle de Louis XVI, on avoit proclamé que la patrie étoit en danger : comme cette mesure avoit réussi, on la renouvella.—Le samedi 7 juillet, on prête le serment *d'exécration de la république*, dont j'ai déjà parlé. Le roi vient sur-le-champ féliciter l'assemblée de cette réunion de toutes les volontés pour le salut de la patrie, et c'est le surlendemain de cette démarche loyale que Brissot propose de juger le roi, et d'effacer la ligne de démarcation qui séparoit les propriétaires des non-propriétaires. Le 12 juillet on fait lecture de l'adresse suivante du conseil général de la commune de Marseille.

« La loi relative à la royauté que vos prédécesseurs ont établie sans aucun égard aux réclamations de la nation, contrarie les droits de l'homme; il est tems que cette loi tyrannique soit abolie, que la nation use de tous ses droits, et qu'elle se gouverne elle-même. Les hommes naissent et demeurent égaux en droits; tout ce qui est contraire à ce principe doit être rejeté d'une constitution libre. Comment donc vos prédécesseurs ont-ils pu établir sur ces bases cette monstrueuse prétention, d'une famille particulière? Il n'y a que les fauteurs de la tyrannie qui aient été capables de se livrer à ce délire... Qu'a-t-elle donc fait cette race régnante, pour être élevée à ce poste?... Non.

législateurs, la nation va l'extirper sans retour cette première racine des monumens d'orgueil, d'ignorance, de servitude et de bassesse. Son nom proscrit ne souillera plus nos annales, etc. Fait à Marseille dans la maison commune, le 27 juin ».

Ainsi, il est avéré que vous n'appelliez les Marseillois dans la capitale que pour anéantir la monarchie, et vous avez le front d'accuser Louis XVI d'avoir provoqué l'affaire du 10 août? C'est bien là le comble de l'impudence et de la scélératesse. Vous êtes pires qu'un assassin qui obtiendroit, d'un tribunal qu'il auroit gagné, des dépens contre celui qu'il auroit assassiné. Mais je n'ai pas encore fini de recueillir toutes les preuves de la perversité de vos cœurs; je veux les accumuler, je veux que les moins clair-voyant touchent, pour ainsi dire, tous vos crimes du bout du doigt: je veux imprimer à vos noms une honte qui ne s'effacera jamais; je veux que vous deveniez l'exécration des siècles futurs.—Poursuivons. —Le département avoit prononcé la suspension du maire de Paris, et l'avoit très-bien motivée sur sa complicité manifeste avec la horde de brigands du 20 juin (1). Le roi, forcé par

(1) *Voyez* l'arrêté du conseil du département, 6 juillet 1792.

vous-même de s'expliquer sur une affaire qu'il avoit la délicatesse de vous renvoyer, parce qu'elle lui étoit personnelle, confirma l'arrêté du département; vous fites venir, et Pétion envoya de son côté à plusieurs reprises, de méprisables individus, vous demander *le sauveur de la patrie* (1). *Ce roi des sans-culottes* vous étoit trop nécessaire pour amener à bien vos projets régicides; et sans égard au vœu fortement exprimé de la plupart des villes du royaume, vous cassâtes l'arrêté du conseil du département, contre lequel vous allumâtes la fureur populaire. Eh! pouviez-vous vous défendre de réintégrer cet homme vertueux dans ses fonctions, après qu'il étoit venu à la barre vous dire que sa condamnation étoit un *scandale public*, l'arrêté du département un *libelle*, et que cet exemple dangereux ne devoit pas rester impuni. « Je ne parle pas, vous ajoutoit-il, je ne parle pas de la décision du roi: le département lui avoit rendu un bon service en me suspendant ». Et c'est après avoir tenu un langage

(1) » Je me promis bien de ne pas lâcher le département sans lui faire expier le délit de son odieuse intrigue ». Compte rendu à ses concitoyens par Jerôme Pétion, page 19.

pareil, qui prouve, à n'en pouvoir douter, quels étoient ses desseins criminels sur la personne du roi, puisque la suspension de lui, Pétion, étoit un service rendu à Louis XVI, que vous le déclarez irréprochable ? Ah ! l'Europe vous a jugé. Les ministres de ces forfaits sont bien moins pervers que leurs instigateurs ; le 20 juin ils reculèrent d'effroi devant la sérénité et la fermeté du roi et de la reine ; et vous, vous avez persisté à éteindre en eux ce sentiment de respect, afin qu'ils commissent le dernier des crimes.

Le lendemain du décret de réhabilitation fut un jour de triomphe pour le vertueux maire. C'étoit la fédération. Il y parut entouré de ses pairs. On cria : *à bas le roi, à bas le veto, vive Pétion.* Le serment, tant de fois renouvellé, y fut encore prononcé par l'assemblée nationale et le peuple. Cela n'empêcha pas que le 16 on ne décréta le départ des régimens de Paris, et qu'on ne confia la sûreté publique aux fédérés et aux militaires qui, en 1789, avoient concouru à l'insurrection de la capitale. Ces fédérés disoient dans une adresse du 20 juillet, aux français des 83 départemens : « Déja nous avons présenté à l'assemblée nationale une pétition énergique qui renferme le vœu de tous les français et les moyens de sauver la patrie : l'assemblée s'est contentée de nous inviter aux honneurs de la séance, mais l'effet de notre démarche n'est pas perdu, la cour en a tremblé ; elle offre des conditions ; l'ennemi recule : il est vaincu si nous savons user de nos avantages.... Nous avons vaincu, si nos frères de tous les départemens se lèvent tous ensemble, s'ils jurent comme nous, d'anéantir jusqu'au dernier vestige de l'aristocratie, et de ne plus souffrir à la tête des armées, de la législation et du gouvernement, ceux contre lesquels nous avons fait la révolution (1) ». Voilà les hommes que la législature retenoit dans le sein de Paris.

Prudhomme écrivoit le 14 juillet : « On nous divise, on nous trompe, on nous joue : nous le savons, et nous le souffrons ! Bientôt sans doute on va nous réduire à n'avoir d'autre espérance que dans notre désespoir. Eh bien ! puisse ce moment affreux arriver aujourd'hui même plutôt que demain ! oui, voilà notre vœu ; c'est le seul qu'il nous reste à vous faire, citoyens ! après vous avoir avertis tant de fois ; et puisse ce vœu être rempli tout-à-l'heure ! oui ! nous vous le dissimulerions envain ; il n'y a plus de salut pour la pa-

---

(1) Le Défenseur de la Constitution, par Robespierre, page 506.

trie que dans son désespoir; lui seul peut nous unir et nous rendre invincibles contre toute la terre armée pour nous anéantir.... C'est le désespoir qui affranchit les montagnes Helvétiques du joug de la maison d'Autriche; *c'est lui, lui seul, qui affranchira tout-à-fait la France du joug de la dynastie des Bourbons.* C'est le désespoir qui conduisit les Suisses droit à la liberté; c'est lui, lui seul qui nous reportera à la déclaration des droits de l'homme et du citoyen. (1) La destitution de Louis XVI est prononcée par tous les départemens; *il faudra bien qu'il cède au torrent de la volonté du peuple clairement et énergiquement prononcée* (2) ».

On ne retenoit les fédérés dans Paris, que pour aider l'insurrection du 10 août. On les travailloit en conséquence dans ce sens-là. Ceux de la Haute-Loire et de la Côte-d'Or, au nombre de 60, se plaignirent qu'on vouloit *les égarer par des propositions atroces.* Ils écrivirent à l'assemblée législative qu'ils craignoient que leurs camarades n'eussent pas le courage de résister à *tous les moyens de séduction employés depuis plusieurs jours pour les faire entrer dans des complots abominables* (3).

(1) Révolutions de Paris, page 124.
(2) *Idem*, page 114.
(3) *Voyez* la séance du 23 juillet.

Dans la séance du 24, on demanda que la discussion s'ouvrît sur la déchéance du roi (c'étoit dix jours après le serment qu'on avoit prêté sur l'autel de la patrie, d'être fidèle à la nation, à la loi et au roi). Vergniaud répondit que la commission s'occupoit des mesures de sûreté générale, de celle, ajouta-t-il, *dont on parle sans cesse, et peut-être trop*. On verra plus bas quelles étoient les occupations de cette commission générale.

Le 25, l'assemblée ordonne l'élargissement de deux patriotes zélés enfermés pour avoir fait des motions un peu trop civiques contre Louis XVI, et décrète la permanence des sections, c'est-à-dire de 48 comités despotiques.

Le 30, arrivent au nombre de six à sept cents, avec deux pièces de canon, les fédérés marseillois, si impatiemment attendus. Leur présence, dès le même jour, fut signalée par des provocations contre la garde nationale, et par des meurtres.

J'ai oublié de rappeler l'insurrection du 21. les fenêtres du château des Tuileries, brisées à coup de pierres, des imprécations affreuses contre le roi et la reine, avoient obligé de fermer l'entrée du jardin. On sait quelle fut la décision de l'assemblée à cet égard. Tous les pamphlétaires se disputèrent à l'envi l'honneur de déclamer contre le Monarque. Mais rien n'approche du cinisme révoltant et de la frénésie qui règnent dans le journal que fait faire Prudhomme. « Ce Château isolé, dit-il, et semblable à ces maisons où l'on renferme les pestiférés, ce beau jardin désert, abandonné, comme s'il étoit peuplé de ces arbres à poison dont nous parlent les voyageurs modernes, et qu'on fuit une lieue à la ronde, rien ne pouvoit mieux désigner l'opinion publique à l'égard de la cour.... Ce ruban en dit plus que toutes les adresses venues des départemens pour remettre Louis XVI à sa place, c'est-à-dire, *hors de la constitution d'un peuple libre dont il n'est pas digne d'être le chef.* Le cordon de soie indique assez qu'il nous est devenu tout-à-fait étranger; il se transporte à Coblentz. Ah! ah! Louis! tu te fortifies dans ton château, comme les émigrés dans les leurs. Tu fais élever des grilles entre toi et nous; tu nous menaces des bayonnettes et de canon..... A quoi te servent-ils? *Un mur d'airain ne te mettroit pas à l'abri des leçons du peuple* (1). « Ce même Prudhomme disoit encore, en commentant la déclaration du duc de Brunswick: « Louis XVI sauroit-il que soit que sa déchéance soit prononcée par l'assemblée nationale ou non, elle est prononcée par le peuple? Sauroit-il que ce

(1) Révolutions de Paris, n°. 160.

qu'il nomme son palais, pourroit bien dans peu ne l'être plus.

L'impunité et la protection accordées à de écrivains qui tournent ainsi en dérision le monarque, et qui appellent sans cesse sur sa tête la hache populaire, démontre assez que depuis long-tems le parti étoit pris d'amener la journée du 10 août. Mais je vais en donner des preuves plus directes ; je vais mettre sous les yeux de tous les français l'aveu même des instigateurs.

Fort de la présence des marseillois, Pétion vint le 3 août, faire lecture d'une pétition qu'il avoit été chargé de présenter comme premier magistrat de la commune. Il en parle avec une complaisance infinie dans son compte rendu : ce fut une des singularités de ma vie dit-il, de demander la déchéance de celui qui venoit de prononcer ma suspension (1).

Barbaroux dans la séance du 25 septembre dit à la tribune de la convention : « nous étions à Paris ; on tramoit la conspiration patriotique qui a étouffé celle du tyran Louis XVI ; on nous engagea à venir chez Robespierre. On nous dit que dans ce moment de crise il falloit se rallier aux citoyens dont le patriotisme étoit connu (2)

(1) Compte rendu, page 23.

(2) Lettres de Robespierre à ses commettans, p. 41.

Le 30 octobre le même orateur dit, d'accord avec Louvet : « C'est à Charenton que fut arrêtée » la conspiration contre la cour, qui devoit » s'exécuter le 29 juillet, et qui n'eut lieu que » le 10 août (1) ».

Panis, le jour où l'on parla de dictature, prononça l'aveu suivant : « Je me rappelle qu'ayant besoin de Barbaroux pour engager le bataillon de Marseille à fixer sa demeure aux cordeliers, section du théâtre français, mesure qui paroissoit très-importante à la plupart des patriotes pour exécuter la révolution du 10 août ; je m'adressai à lui.... Nous nous réunîmes un petit nombre de bons citoyens, calomniés aujourd'hui par les lâches, *pour tramer patriotiquement le siège des thuileries.* (2) »

Pétion convient des efforts qu'il a faits pour reculer la révolution jusqu'au moment où l'assemblée législative auroit prononcé sur la déchéance du roi (3). il avoue avoir eu une conversation avec Robespierre à ce sujet (4). Il

(1) Moniteur du premier novembre, page 1298, col. 3.

(2) Lettres de Maximilien Robespierre, p. 45 et 46.

(3) Compte rendu, pag. 22.

(4) Lettres de Maximilien Robespierre à ses commettans, n°. X, page 436. Observations de Jerôme Pétion.

dit encore dans son discours sur l'accusation intentée contre ce dernier: « les hommes qui se sont attribués la gloire de cette journée, sont les hommes à qui elle appartient le moins; elle est due à ceux qui l'ont préparée; elle est due à la nature impérieuse des choses; elle est due aux braves fédérés, et *à leur directoire secret qui concertoit depuis long-tems le plan de l'insurrection* (1) ». Il dit dans une autre brochure: « l'assemblée ne pouvoit pas faire ce que le peuple a fait; elle ne pouvoit pas commander la journée du 10 août; mais elle *l'a préparée par des mesures révolutionnaires.* L'envoi qu'elle a fait aux départemens, de la superbe lettre de Rolland au roi, d'une adresse pleine d'énergie de la ville de Marseille, ont été de vrais appels au peuple. *Elle a cassé la maison du roi; elle a renvoyé de Paris des troupes de ligne*, qui portoient ombrage à la liberté, et enfin quand le jour immortel est venu, elle s'est élevée au niveau des circonstances [2] » Il dit plus loin: « je confesse que le 26 juillet j'ai empêché un mouvement, et je crois que j'ai rendu alors

(1) Discours de Pétion, page 5.

(2) Observations de Jerôme Pétion sur la lettre de Maximilien Robespierre, page 10.

alors le plus important service. Les mesures étoient si mal prises, que le succès étoit, on peut dire, impossible. Le rendez-vous étoit sur le terrein de la bastille; on devoit partir de-là à minuit, sur trois colonnes pour se rendre au château, *s'emparer du roi et le constituer prisonnier à Vincennes.*

On comptoit sur la garde nationale de Versailles, et à onze heures du soir, des officiers municipaux de cette ville vinrent me dire qu'un citoyen, se disant député par des fédérés, avoit sollicité la veille l'appui de cette garde, mais qu'elle ne se mettroit pas en marche sans savoir pourquoi et sans mon agrément. On comptoit sur le faubourg Saint-Marcel, et les habitans de ce faubourg n'étoient nullement préparés.

Un des chefs qui devoient conduire une colonne se rendit à la mairie, dans le moment où les officiers municipaux de Versailles y étoient, et il dit que l'on ne s'entendoit pas, et qu'il y avoit quelque trahison.

Ce qu'il y a de plus remarquable, c'est que la cour étoit parfaitement instruite des dispositions prises, qu'elle étoit en force, et qu'elle attendoit.

Les marseillois n'étoient pas encore arrivés; de sorte que, si le projet eût été entrepris, et qu'il eût manqué, comme tout sembloit l'annoncer, il est impossible de calculer les malheurs qui seroient résultés de cet échec.

L'insurrection devenoit de jour en jour plus inévitable : personne plus que moi n'en étoit convaincu, personne plus que moi ne la désiroit; mais je tremblois de tout mouvement partiel, je tremblois qu'il n'y eût ni concert, ni ensemble dans les opérations ; je m'en suis expliqué d'une manière qui ne peut pas être douteuse.

Vous convenez vous-même, continue Pétion en s'adressant à Robespierre, vous convenez, vous-même que dans la conférence que j'ai eu avec vous, je sentois la nécessité de l'insurrection ; que tout ce qui me fesoit difficulté, c'étoit le choix du moment, parce qu'en effet ce point étoit décisif et méritoit la plus sérieuse comme la plus profonde méditation. Il falloit prendre des mesures sages, pour ainsi dire, infaillibles, sur-tout bien s'entendre, afin de ne pas succomber, afin de ne pas compromettre imprudemment la liberté et le sort de la nation toute entière.

Toutes les circonstances se réunissoient pour indiquer que le grand jour seroit le 10. Les officiers municipaux que j'avois prié de se rendre dans les sections m'annoncèrent que l'impatience du peuple étoit extrême, et qu'il n'attendroit pas plus long-tems. Le citoyen Thomas, mon collègue, que j'avois envoyé dans une des sections les plus effervescentes, m'assura que rien ne pourroit prolonger ce délai. Je recevois également des instructions précieuses de Vaugeois, mon ami, qui étoit président du comité des fédérés. Carra m'avoit aussi prévenu; il m'avoit ajouté de plus : *nous vous mettrons en règle, on vous empêchera de sortir* ».

On se rappellera qu'on fit courir le bruit que la cour voulant se défaire de Pétion, on lui avoit donné des gardes pour sa sûreté. Ce leurre trompa bien du monde ; on voit à présent que la cour étoit innocente.

« Qui croyez-vous, ajoute Pétion, qui envoya par plusieurs fois presser l'exécution de cette mesure ? C'est moi, oui c'est moi, parce qu'aussitôt que je sus que le mouvement étoit général, loin de penser à l'arrêter, *j'étois résolu à le favoriser* (1) ».

Outre ces témoignages que certainement on ne contestera pas, je vais encore produire ceux de Louvet et de Brissot.

Nous voulions la guerre, dit le premier, nous, purs jacobins, parce qu'à coup sûr la paix tuoit la république, puisque dans la supposition la plus favorable, elle nous conduisoit tout au plus à un changement de tyran. Nous la voulions, parce que si elle avoit actuellement ses périls, plus tard elle en auroit de plus certains ; parce qu'entreprise à tems, ses premiers revers sans doute inévitables, pouvoient du moins se réparer, et purger à la fois le sénat, les armées *et le trône* ; parce qu'au milieu des prompts succès qui devoient suivre, le plus profond ressentiment d'une trahison mieux prouvée, plus inexcusable, plus éclatante, forçoit nécessairement une véritable révolution, d'un prix auquel on

---

(8) Observations de Jerôme Pétion, p. 10 et suiv.

ne pouvoit rien comparer. Vous vous retranchez sur la paix, vous ambitieux qui ne songez qu'à déplacer un roi. Ils appelloient la guerre à grands cris, les hommes d'un cœur généreux, d'une ame vraiment libre, trop forts pour céder aux petites suggestions d'un vil intérêt personnel; trop grands pour ne se considérer que dans le passage de cette vie. Ils appelloient la guerre, les républicains dignes de l'être. Ils osoient aspirer à la gloire solide, à l'immortel honneur de *tuer la royauté même, de la tuer à jamais, d'abord en France, et puis dans l'univers* (1) ».

« C'étoit l'abolition de la royauté, dit Brissot, que j'avois en vue en faisant déclarer la guerre... Les hommes éclairés m'entendirent le 30 décembre 1791, quand répondant à Robespierre, qui ne parloit toujours que de trahisons à craindre, je lui disois : je n'ai qu'une crainte, c'est que nous ne soyons point trahis. Nous avons besoin de trahisons; notre salut est là; car il existe encore de fortes doses de poison dans le sein de la France, et il faut de fortes explosions pour l'expulser... Les grandes trahisons ne seront funestes qu'aux traîtres; elles seront utiles aux peuples; elles feront disparoître ce qui s'oppose à la grandeur de la nation française, la royauté. [2] »

Millin, un des auteurs de la Chronique, inséra dans celle du 5 août l'article suivant : »

(1) A Maximilien Robespierre et à ses Royalistes, Jean-Baptiste Louvet; page 18.

(2) J. P. Brissot, député à la convention nationale, à tous les républicains de France, sur la société des Jacobins, page 8.

d'ici à quelques jours, le roi ne prend pas le moyen le plus efficace ; s'il ne profite pas du moment de confiance que le choix d'un ministre intelligent et habile peut amener ; s'il diffère encore, *il est perdu ;* toutes les sections de l'empire vont imiter celle de la capitale, et la déchéance est à jamais prononcée. *Je sais bien que le succès de cette mesure est assuré, que l'issue n'en est à craindre que pour le roi ;* mais elle peut causer dans ce moment de grands maux à l'état ébranlé depuis si long-temps ».

» Avant le dix août, dit Robespierre, les membres du comité de police armoient les citoyens [1].» C'étoit là le but de cette fabrication immense de piques ordonnée dans le faubourg Saint-Antoine. Dans la nuit du 9 au 10 les sections envoyèrent des commissaires chargés de leur rendre compte des mesures que prendroit la municipalité. Ces commissaires s'emparèrent de tous les pouvoirs, chassèrent l'ancienne municipalité, *en conservant néanmoins ceux qui étoient dévorés par la flamme sacrée du patriotisme* (2), et tout Paris le lendemain fut étonné d'apprendre cette nouvelle composition du corps municipal de laquelle personne n'avoit été prévenu auparavant et à laquelle n'avoient concouru que le très-petit nombre de ceux qui *étoient dans le secret.* On fit arrêter au milieu de la nuit le commandant-général de la garde parisienne, et la force publique se trouvant sans

(1) Deuxième lettre de Maximilien Robespierre, en réponse au discours de Pétion.

(2) *Idem*, page

chef, on n'eut plus de doute sur la réussite du projet.

La section du Théâtre-Français, quelques jours auparavant, avoit arrêté que les citoyens *vulgairement, et aristocratiquement connus sous le nom de citoyens passifs*, seroient appelés, tant dans le service de la garde nationale, pour y porter les armes, que dans les assemblées primaires pour y délibérer. Ainsi les agitateurs ou les républicains surent mettre à profit les deux plus grands mobiles des actions humaines, la crainte et l'espérance. Ils excitèrent des terreurs dans l'ame de ceux qui pouvoient quelque chose, s'ils eussent eu assez d'énergie pour se montrer, et une confiance illimitée dans l'ame vénale et stupide de la populace. Ce sont là les deux ressorts qui ont été continuellement en jeu depuis la révolution, et qu'on a eu l'adresse de faire mouvoir paralèllement. Ce qu'il y a de fort singulier, et ce qu'on n'a peut-être pas assez remarqué, c'est le ton affectueux avec lequel les Pétion, les Brissot, les Louvet, etc. parlent du retour de l'ordre, de la nécessité de dissiper les illusions qui flattent et qui égarent le peuple, de comprimer sa tendance à l'insurrection, attendu qu'elle ne pourroit plus qu'être funeste et destructive de la liberté. Il est beau d'entendre l'ancien maire de Paris, celui qui a le plus flagorné le peuple, gourmander aujourd'hui ceux qui le courtisent à leur tour. « Chaque jour, dit avec onction ce petit saint, on se plaît à donner au peuple des notions fausses sur ses droits et sur sa manière de les exercer; chaque jour on défigure à ses yeux les principes les plus simples de la morale et de la justice; chaque jour

on érige l'anarchie en systême. Des ignorans, des hommes qui n'ont pas la plus légère idée de la science des gouvernemens, qui prennent l'exagération pour la force, les déclamations pour la raison; qui ont sans cesse à la bouche les mots de *liberté*, *d'égalité*; qui ne rougissent pas de dire à cent individus, vous êtes souverains, débitent journellement avec impudence, des extravagances qui ne seroient dignes que de pitié, si elles étoient proférées devant des hommes sages et forts en principes, mais qui deviennent dangereuses, parce qu'elles sont recueillies par des gens sans lumières dont on caresse les passions (1). »
Eh! M. Pétion, reconnoît-on là le langage que vous avez tenu pendant tout le cours de la révolution, et sur-tout tant que vous avez été maire de Paris? Comment? vous osez disputer aujourd'hui aux sans-culottes leur souveraineté, tandis que vous les en avez bercé trois années entières? Vous êtes comme le bourgeois gentilhomme, M. Pétion; vous avez fait votre portrait sans le savoir dans le paragraphe que je viens de citer. Car, qui plus que vous et ceux qui vous imitent à présent dans vos homélies, a renversé les principes de la morale naturelle, et violé les droits sacrés de la propriété? Mais votre règne et celui de vos partisans ne sera pas long, vous pouvez m'en croire. L'assemblée constituante avoit fait une révolution avec les mots de *liberté*, *d'égalité*, *de souveraineté nationale*; elle voulut y mettre des bornes, et vous les franchîtes bientôt avec les mêmes principes qu'elle avoit invoqué. Cela devoit être: et ces principes servi-

(1) Compte rendu, pag. 27.

ront encore à vous terrasser jusqu'à ce qu'enfin, le peuple las de tant de vains essais, pour vivre en repos, se plongera dans le despotisme, suivant l'expression énergique d'un de vos anciens collègues (1), comme l'homme malheureux et découragé se précipite dans le cercueil.

A présent, qu'il n'est plus permis de douter, d'après les preuves authentiques que j'ai fourni, qu'il n'y eût une conspiration formidable contre Louis XVI et la royauté, et que la journée du 10 août, fût le jour pris pour l'exécution par les conjurés eux-mêmes, oserez-vous faire un crime à Louis XVI, d'avoir appelé dans les Tuileries des serviteurs fidèles? Les forfaits du 20 juin, dont toute la France avoit demandé la punition, mais auxquels vous avez applaudi très-civiquement, n'imposoient-ils pas au roi le devoir de prendre des précautions pour sa sûreté? Il étoit instruit de vos manœuvres criminelles, et vous voulez qu'il en attendît l'effet? vous voulez qu'il vît venir en patience la cohorte nombreuse d'assassins que vous lanciez contre lui? Qui d'entre vous, s'il savoit devoir être attaqué dans sa demeure, n'y réuniroit pas toutes les forces possibles? Vous avez surpris, dites-vous, un ordre signé du commandant, de ce Mandat que vous avez lâchement égorgé, qui enjoignoit le commandant de la réserve de laisser avancer le peuple et de le fusiller par derrière, en même-tems que les canons du château le sillonneroient en tête; je ne sais pas si jamais cet ordre a existé, mais s'il est tel que vous l'avez publié, il ne fait absolument rien à la cause du roi, puisque ce

(2) d'Entraigues.

n'est point le roi qui l'a signé; qui plus est, je soutiens que Mandat avoit fait son devoir. Le complot affreux formé contre Louis XVI et sa famille étoit connu; vous étiez si certains d'en venir à bout, que vous en aviez répandu le bruit à l'avance dans les principales villes de l'Europe, de même qu'on a su par-tout les principaux événemens de la révolution avant qu'ils eussent eu lieu. Dès-lors Mandat a dû prendre des moyens sûrs pour empêcher l'irruption de la multitude dans le château, et le renversement de la première autorité constituée. Il n'y avoit point d'autre parti à choisir. Le tocsin et la générale avoient appelé pendant toute la nuit le rassemblement armé qui devoit se rendre au château. Ce rassemblement étant immense, il falloit suppléer à la force par la ruse; c'est ce qu'on fait toujours dans un combat. D'ailleurs ce furent plusieurs officiers municipaux, et le département qui combinèrent eux-mêmes au château les moyens de sa défense. Ce fut Rœderer, procureur-général-Syndic, qui fit le matin les réquisitions nécessaires à la force armée pour qu'elle eût à repousser la multitude en cas d'attaque, et qui lui lut les articles de la constitution sur les rassemblemens prohibés par la loi. Et qu'avoit à faire aux thuileries ce ramas impur d'individus de tout sexe et de tout métier ? Louis XVI auroit-il envoyé la petite troupe de défenseurs qui l'entouroient, pour engager un combat avec eux ? sont-ce neuf cents suisses, et quelques gardes nationaux amis de la paix qui étoient dans le cas de réduire la capitale, et de faire une contre-révolution ? Vous avez beau bâtir hypothèse sur hypothèse, vous n'en rencontrerez jamais une qui soit raisonnable, et à la charge du roi. Sa conduite dans cette malheureuse affaire est de droit naturel, et de plus, conforme à vos décrets qui consacrent la résistance à l'oppression. Vous me citerez la nation : et à quel caractère, dites-moi, Louis XVI devoit-il la reconnoître ? Etoit-ce aussi la nation qui étoit venue lui rendre visite le 20 juin ? Et quelle différence entre cette révolte et celle du 10 août ? Ah ! Il en existe une bien grande. C'est que le 20 juin vous n'aviez ameuté que les brigands de Paris, et le 10 août vous les aviez renforcés de ceux que vous aviez appelés des provinces. C'est que le 20 juin votre systême de tyrannie n'étant pas entièrement développé, la France put faire entendre ses regrets et ses plaintes, et le 10 août vous aviez déja comprimé tous les sentimens, et établi votre règne par la terreur. Cessez au reste de nous faire voir la nation où il vous plait. Sa souveraineté ne se compose pas des caprices et des passions de ceux qui se mêlent de la diriger; est-ce la nation qui avoit combiné à Charenton l'anéantissement de la royauté ? Est-ce la nation qui avoit préparé les décrets que vous avez rendu à cette époque [1] ? Est-ce la nation qui par un mouvement spontané a demandé la république ? Non, non la nation n'a absolument rien fait, rien voté contre la monarchie. Le bouleversement et les atrocités dont nous sommes témoins n'ont été que le produit de votre volonté arbitraire; et si par-tout où une

---

(1) Il est un fait très-connu très-digne d'attention, c'est que ces décrets étoient conçus et redigés à l'avance par la commission des 21. (Observation de Jérome Pétion, pag. 11.

volonté arbitraire peut commander, il n'y a plus de liberté, vous avez donc plongé la nation dans l'esclavage le plus humiliant. Je dis humiliant, car à quels hommes obéit-elle? Quels sont ceux parmi vous qui n'ont pas été antérieurement flétris par les lois? En est-il beaucoup qui puissent dire: *ma conscience ne me reproche rien; j'ai toujours obtenu par ma probité l'estime de mes compatriotes.* Il seroit vraiment curieux le tableau moral des individus qui ont l'audace de tyranniser vingt millions de citoyens, et de régenter tous les potentats de l'Europe. On y verroit des moines apostats, des prêtres sans mœurs, des magistrats prévaricateurs, des négocians sans bonne foi, des écrivains sans morale, et... qu'il m'en coûte de le dire!... de vrais assassins, des scélérats qui ont égorgé des vieillards, des enfans, des femmes enceintes (1). Lorsqu'un peuple est parvenu à un tel degré de corruption que de se laisser représenter par de tels monstres, ce peuple est indigne de la liberté, il faut qu'il subisse le joug de la tyrannie pendant des siècles.

A présent quels sont les provocateurs de la journée du 10 août? Quels sont ceux qui sont coupables du sang qui y fut versé? C'est vous, c'est vous-mêmes qui ne rougissez pas de vous en faire des titres de gloire, et qui avez encore

(1) Je parle dans tout cet article de certains députés du Comtat et d'Avignon, des membres du comité de surveillance que la convention a eu la sagesse d'expulser il y a deux jours, des promoteurs, des Marat, des Chabot, etc., des massacres du 2 septembre et des autres tyrans de Paris, qui heureusement ne le sont plus, grace à la convention.

l'impudence d'en charger Louis XVI ; qui, sur cette accusation lui avez ravi sa couronne, et vous disposez à lui faire porter sa tête sur un échaffaud. C'est à vous que la nation doit demander compte de son roi et des victimes immolées à vos fureurs et à votre ambition. Car vous êtes les vrais perfides et les seuls qui vous soyez fait un jeu cruel de son repos et de sa fortune. Le roi ne vouloit point la guerre ; vous l'y avez forcé et les mânes de deux cent mille citoyens massacrés sur les frontières crient vengeance.

Quels sont donc les crimes sur lesquels porte l'acte d'accusation ? Il n'en est pas un seul auquel on n'ait répondu victorieusement. Depuis que Louis XVI a paru à la barre, et qu'il a répondu lui-même avec la simplicité et la candeur de l'innocence aux griefs qu'on lui imputoit, depuis que M. Desèze a développé les preuves de ses réponses, la tribune de la convention a retenti d'outrages redoublés contre cet infortuné monarque ; mais personne n'a argué de fausseté les preuves qu'il a fourni, mais personne n'a démontré que l'accusation restât entière. On s'est écrié : *il est convaincu* ; et cela après avoir ressassé des extraits de lettres anonymes, des mémoires d'inconnus, qui ne démontrent rien.

Je remarquerai encore que Louis XVI a été déclaré déchu du trône avant l'importante découverte faite aux thuileries ; c'est-à-dire, avant qu'on lui eût imputé les principaux griefs qui servent de fondement à l'acte d'accusation.

Je remarquerai que la convention nationale n'a point été créée légalement, et que son existence est usurpée. La législature n'a pu la convoquer que dans les formes et les circonstances prescrites par la constitution, puisqu'elle-même n'existoit que par cette constitution, et qu'elle avoit fait le serment de la maintenir. Or la constitution avoit fixé le mode à observer dans les convocations des assemblées primaires : les citoyens actifs seuls avoient le droit d'y assister; l'art III du titre VII avoitôté àla législature le pouvoir de proposer la réforme d'aucun article constitutionnel; l'article V augmentoit de 249 membres, l'assemblée de révision.

Le décret du onze août, qui a appelé la convention actuelle, viole toutes ces lois, il a admis à voter dans les assemblées primaires, les citoyens non-actifs, il a réduit à 745 le nombre des membres qui auroit dû être de 994 : par lui, a été convoquée une assemblée qui ne devoit l'être que dans cinq ans. L'article VI contient outre cela une disposition monstrueuse. *Les assemblées primaires sont invitées à revêtir leurs représentans d'une confiance illimitée.* Des représentans qui ne doivent compte à personne de leur conduite, qui ne sont dans aucune dépendance des représentés, sont de véritables tyrans. D'ailleurs les assemblées primaires ont été désertes, et les bons Français ont protesté par-là contre l'usurpation que vous avez faite de tous les pouvoirs, et le jugement d'un roi que n'autorisoit aucune loi ancienne ou nouvelle.

Je remarquerai qu'en supposant légitime la convention nationale, Louis XVI ne pouvoit être jugé par elle, par la raison qu'elle s'étoit enlevé la faculté de réintégrer l'innocence dans ses droits, en commençant par abolir la royauté sans aucun examen préalable de la conduite du roi. Cette idée est due à l'excellent auteur de l'ouvrage sur les constitutions de l'Europe, et il est bien étonnant que les doutes proposés par un homme qui a médité toute sa vie le droit public, n'aient pas obtenu le moindre examen de la part de la convention. « Mon opinion est, dit fort bien M. Lacroix, que Louis XVI ne doit pas être accusé, et par conséquent défendu pour toutes les erreurs antérieures à l'abolition de la royauté; et voici sur quel point j'appuie ce sentiment ».

« Où il ne peut plus y avoir d'accusation, il ne doit pas y avoir de justification; il ne peut pas y avoir d'accusation où il ne peut plus être rendu de jugement ».

« Pour qu'il fût encore possible de juger Louis XVI, il faudroit que le tribunal devant lequel il comparoitroit comme accusé, se fût réservé la faculté de lui dire : vous étiez le monarque des Français ; ce titre auguste vous appartenoit exclusivement, ainsi qu'à votre descendance, tant que vous ni elle n'enfreindriez pas la constitution qui vous l'avoit confirmé. Si vous avez attenté à cette loi solennelle que vous avez acceptée, et qui est devenue la base de cette élévation, vous allez être précipité pour jamais de votre trône, dépouillé des prérogatives et des revenus qui y étoient attachés ».

« Si au contraire vous démontrez que vous n'êtes jamais sorti du cercle de vos devoirs; enfin que *vous n'êtes pas censé avoir abdiqué*, pour nous servir des expressions de la loi, ce sceptre qui vous a été arraché, va être replacé dans vos mains, et vous serez encore le représentant de ce peuple qui paroît vous avoir retiré sa confianee et son amour ».

Je le demande, la convention peut-elle aujourd'hui tenir ce langage à Louis XVI? en abolissant la royauté en France, n'a-t-on pas frappé le prince qui en étoit investi, et dans sa personne et dans sa postérité? Après avoir prononcé ce jugement rigoureux, n'a-t-elle pas déclaré à la nation qu'elle avoit trouvé son roi coupable, et indigne de transmettre sa couronne à ses héritiers? ne seroit-ce pas même lui faire offense, que penser qu'elle eût plongé le monarque des Français dans la classe des citoyens, par une volonté arbitraire, et au mépris de la loi que nous avons tous juré de maintenir pendant un tems limité? (1) »

Que doit-on conclure des faits authentiques rappelés dans ce mémoire? C'est que Louis XVI a été un roi ami et bienfaiteur de son peuple; c'est qu'il est innocent des crimes dont on l'accuse, c'est que ces crimes sont ceux de ses propres accusateurs; c'est que sa déchéance est une injustice criante; un forfait abominable, et sa mort, si la covention la prononce, un assassinat juridique, tel que les fastes du monde n'en offrent point d'exemple.

Ici finit la tâche que je m'étois imposée, et en la remplissant j'ai voulu m'acquitter du devoir

---

(1) M. Lacroix avoit adressé cette opinion à la convention, avant les observations qu'il fit sur le mode de procéder au jugement de Louis XVI, du moins conformément à la loi relative à tous les accusés j'en ai déjà parlé.

d'un bon citoyen. Dans l'état critique où se trouve la patrie, le repos n'est plus de saison, et la prudence est d'avoir du courage. Puisse ce foible travail être couronné de quelque succès! puissé-je être assez heureux pour ramener à des sentimens plus justes les esprits égarés, et les convaincre de l'innocence du meilleur des rois, comme du meilleur des hommes!

A. J. DU GOUR,

Auteur de l'histoire publique et secréte de Henri IV.

N. B. Ceux qui rejettent tout ce qui ne les flatte point, qu'irritent toute pensée modérée ont lu avec peine quelques défauts que j'ai reproché à Louis XVI, page 114. J'ai reçu des reproches sanglans et j'ai été mis au rang des factieux. Ah! si l'on connoissoit mon cœur, si l'on savoit combien j'abhorre tout esprit de parti, combien je soupire pour la paix, on ne m'auroit pas ainsi calomnié, et sur-tout, je puis le dire, après avoir donné des preuves d'un dévouement si généreux. Lorsque j'ai commencé ce mémoire, personne en France n'avoit encore osé écrire pour Louis XVI, et depuis, personne également n'a osé faire entendre à la convention les vérités que j'ai cru de mon devoir de lui dire. -- Je remercie les citoyens qui m'ont envoyé différentes notes sur le procès du roi. Je les ai reçues trop tard pour en avoir pu faire usage, mais j'en profiterai dans la nouvelle édition de ce mémoire, qui va être publiée incessamment.

Je m'occupois d'un ouvrage sur l'éducation qui pût faciliter l'enseignement hors des collèges, et donner aux parens les moyens d'instruire eux-mêmes leurs enfans, lorsque j'ai commençé le mémoire justificatif pour Louis XVI. Je vais reprendre mon travail, et lorsqu'il sera sur sa fin, j'en avertirai le public par un prospectus. J'espere qu'on me saura gré de mon zèle et de mes efforts pour garantir la jeunesse des vices de l'éducation actuelle.

www.ingramcontent.com/pod-product-compliance
Lightning Source LLC
LaVergne TN
LVHW020558230826
846091LV00002B/526

* 9 7 8 2 0 1 4 0 2 9 6 8 0 *